バターも卵も使わない しっとり、もちもちのおいしい生地

cimai(シマイ)のイーストと天然酵母のパンレシピ

大久保真紀子・三浦有紀子

はじめに

cimaiは、その店名どおり、姉妹で営むパン屋です。
姉が天然酵母のパンを焼き、妹がイーストのパンを焼いています。

埼玉県幸手市にあるお店は、パン屋らしからぬ白い箱のような潔い外観で、
店内には2人のこだわりがつまった、焼きたてのパンが並びます。

10年ほど継いでいる熟成した天然酵母で作るカンパーニュ、
ナッツやドライフルーツがたっぷりと入ったハード系のイーストのパン、
外はパリッ、中はもっちりとした食感が楽しめる食パン、
クセのないフレッシュな天然酵母を使ったイングリッシュマフィン。
食感や素材にこだわったパンを、ハード系もソフト系も種類豊富にそろえ、
天然酵母とイーストのパンを垣根なく並べています。
主要原材料はプライスカードに明記していますが、
天然酵母かイーストか、ということよりも、何よりも大切にしていることは、
食事に合わせて楽しく、おいしいパンを食べてほしいということ。
店内に並ぶパンを見て、「おいしそう!」と感じたものを食べてもらい、
お気に入りのパンに出会ってほしいと思っています。

この本は、そんなcimaiのパンをご家庭でも作りやすいようにアレンジした
自家製天然酵母のパンとイーストのパンのレシピです。
天然酵母とイースト、どちらのレシピも掲載しているので、
そのときの気分や、季節、時間に合わせて、好きな方で作ってみてください。
今回紹介しているレシピもお店のパンと同様に
天然酵母とイーストの垣根をなくして、
天然酵母っぽいイーストのパンや、
イーストっぽい天然酵母のパンも紹介しています。
cimaiのおいしい焼きたてパンをご家庭でも楽しんでもらえたら幸いです。

CHAPTER 01

イーストのパン　15

はじめに　4
この本のパンについて　8
基本の材料　10
基本の道具　12
パン作りをはじめる前に　14

この本のイーストのパンの特徴　16
イーストのパン作りの流れ　17

BASIC 01　ハードブレッド　18
　ライ麦ひまわりパン　22
　栗とカシスのパン　24
　コーンバトン　26
　あんバゲット　28

BASIC 02　ソフトブレッド　30
　レーズンブレッド　34
　シリアルブレッド　35

BASIC 03　ベーグル　36
　栗ベーグル　40
　チョコナッツベーグル　42
　ライ麦フルーツベーグル　43

CHAPTER 02
天然酵母のパン 45

この本の天然酵母のパンの特徴　46
天然酵母のパン作りの流れ　46
　発酵エキスを作る　47
　酵母を作る　48
　酵母の継ぎ方　49

BASIC 04　カンパーニュ　50
　パン・オ・ノワ　54
　パン・オ・フリュイ　56
　ショコラコンプレ　58

BASIC 05　イングリッシュマフィン　60
　食パン　64
　スイートポテトパン　66
　シュトロイゼルクーヘン　68

BASIC 06　フォカッチャ　70
　ポテトフォカッチャ　74
　トマトフォカッチャ　76
　高きびミートピザ　78
　豆乳ベシャメルピザ　80

CHAPTER 03
焼き菓子とサイドメニュー 83

バナナ酵母ケーキ　84
チョコ酵母ケーキ　87
酵母スコーン　88
スパイスクッキー　90
白みそ酒粕ビスケット　92
オニオンチーズスープ　94
BLTサンド　95
きのこクリームのホットサンド　96
季節のフルーツサンド　97
きのこのアヒージョ　98
里芋のポタージュ　99

パンに合う ペースト＆ソース　44
時間がたったパンのおいしい食べ方　82

cimaiのこと　100
shureのこと　102
お店で販売している家具　103

この本の
パンについて

小麦の風味を感じるパン

おいしいパンは、小麦の香りや旨みを感じられるパンだと考えています。そのため、イーストのパンを作るときは使用するイーストはできるだけ少量にして、小麦本来の風味が損なわれないように工夫しています。また使用する粉によって、焼きあがりの味や食感、風味は大きく異なります。パンを作るときは、粉選びにもこだわってみてください。cimaiのおすすめの銘柄はP.10でご紹介しています。

バターも卵も使いません

お店では卵や乳製品を使用したパンも提案していますが、この本で紹介するレシピには卵と乳製品を使っていません。バターに代わるオイル分は、太白ごま油やなたねサラダ油などの植物油を使用しています。シンプルな材料で作れる、毎日食べても飽きのこないパンを提案しています。

＊P.94からご紹介しているサンドイッチや、パンに合う料理には、乳製品を使用しています。

基本を覚えたら、
アレンジパンを

この本では、パンや焼き菓子の基本となるレシピと、基本で紹介した生地に具材を加えたり包んだり、成形を変えたりしたアレンジのレシピを紹介しています。同じ生地を使用しても、具材や成形が変われば、その表情はぐんと異なる別のものになります。工程を追って作りやすいのは基本のレシピなので、そこでしっかり手順をふんでから、アレンジレシピに挑戦してみてください。

イーストと天然酵母、
ハードもソフトもそろいます

お店では、イーストと天然酵母のパン、どちらも垣根なく並べています。そのためこの本でも、どちらのパンも楽しんでもらえるように、それぞれハード系とソフト系の両方をそろえました。パン作りに慣れていないのなら、手軽に作れるイーストのパンがおすすめです。また、天然酵母は作りはじめるのに時間がかかるので、まずは発酵エキスの準備をしながら、イーストのパンを楽しむのも良いです。

基本の材料

粉

A．みのりの丘（強力粉）
「江別製粉」の北海道産小麦の強力粉。吸水性があり、もっちりとした仕上がりになります。小麦本来の風味豊かな味と香りが特徴で、シンプルなパンほど、そのおいしさを感じられます。

B．E65（準強力粉）
「江別製粉」の北海道産小麦のハードブレッド用の準強力粉。吸水性が高く、外はパリッと、中はもちもちの食感に仕あげることができます。小麦の強い味と香りを感じられるのが特徴です。中力粉で代用しても良いです。

C．ファリーヌ（薄力粉）
「江別製粉」の北海道産小麦の薄力粉。軽い仕あがりで扱いやすく、しっとりとした口どけの良さを感じられます。パウンドケーキをはじめとする焼き菓子で使用しています。

D．全粒粉
粉の香ばしさが特徴の全粒粉を強力粉に配合することで、素朴な味わいのパンが楽しめます。国産の強力粉タイプの全粒粉を選んでください。カンパーニュや酵母スコーンに使用しています。☆

E．ライ麦粉
ライ麦独特の風味と食感を楽しめ、食物繊維が多いので栄養面でも優秀なライ麦粉。ベーグルやクッキーの生地に少量配合して、食べたときの食感や香りのアクセントとしています。国産のものを選んでください。☆

☆の入手先：cuoca（P.104参照）

酵母・塩・甘味料

F．塩
フランス「ゲランドの塩（顆粒）」を使用。自然塩が良い。☆

G．ドライイースト
フランスのサフ社の赤ラベルのものを使用。☆

H．レーズン
オーガニック栽培でオイルコーティングしていないものを。お店では、食材卸の「NOVA」の有機レーズンを使用。

I．洗双糖
砂糖は2種類使用。あっさりとした甘みのときに使用。☆

J．きび砂糖
甘さを強調したいときはきび砂糖を使用。☆

K．はちみつ
国産のものを。お店では近所の養蜂家さんのものを使用。

油・その他

L．チョコレート
ベルギーの「ベルコラーデ社」の「ノワール・プール・アメール（カカオ73％）」を使用。ビターチョコがおすすめ。

M．豆乳
めいらくの有機豆乳を使用。無調整の豆乳です。

N．太白ごま油
くせのない「竹本油脂」の太白ごま油を使用。☆

O．オリーブオイル
EXヴァージンのものを。お店では「NOVA」のものを使用。

P．なたねサラダ油
お店では「オーサワ」のものを使用。太白ごま油で代用可能。

基本の道具

生地作り

A．ボウル
計量用と材料を混ぜ合わせるときに、大中小があると便利。

B．タイマー
発酵時間や焼成時間を計るときに使用。

C．カード
先が薄いものが使いやすい。自分の手になじむサイズを。

D．デジタルスケール
小数点以下1桁まで計量できるものが良い。

E．ゴムベラ
粉類と水分を混ぜ合わせるときに使用。

F．温度計
水温や生地の温度を測るときに使用。

焼成

N．霧吹き
焼成前に使用。なるべく霧が細かく出るものが良い。

O．茶こし
焼成前に、生地に打ち粉をふるときに使用。

P．クープナイフ
かみそりの刃を使用。薄い刃のものがおすすめ。

Q．はけ
豆乳や油などを生地の表面に塗るときに使用。

発酵・分割・成形

G．保存瓶
酵母や酵母エキスを起こすときに使用。瓶の口がしっかり密閉できるものが良い。

H．バヌトン
カンパーニュを作るときに使用。表面に網目模様ができる。

I．キャンバス布
最終発酵時に使用。

J．ふた付き容器
一次発酵時に使用。透明のものは生地の発酵具合が確認できて便利。密閉できる1.3L容量のものを使用。

K．バット
最終発酵やベンチタイムの際に使用。天板で代用可能。

L．スケッパー
生地を分割するときに使用。

M．めん棒
生地を伸ばすときに使用。長くて細いものが便利。

型

R．角食型（W10×D15×H10cm）
ソフトブレッドで使用。ふた付きで焼くと、生地が上に伸びないので、みっちり詰まったパンに仕上がる。

S．スクエア型（W18×D18×H6cm）
フォカッチャを焼くときに使用。

T．パウンド型（W8×D23×H6cm）
山型食パン、酵母ケーキで使用。

U．セルクル（直径9cm）
イングリッシュマフィンで使用。

パン作りをはじめる前に

●オーブンのこと

レシピの焼成温度は、cimaiの業務用電気オーブンを使用した際のものを記載しています。オーブンによって火のまわり方が異なるので、表記されている温度を目安に何度か試して、適温を見つけてください。焼き足りないときは、焼成時間を長くすると、パサついた乾燥した生地になってしまうので、焼成時間はレシピどおりにして、設定温度をあげてください。
また、生地が乾いたまま焼きはじめると表面が固まって生地が伸びないので、焼く際に必ず表面に霧吹きで水を与えてください。
予熱はすべて、レシピの表記より10℃あげて30分ほど加熱をしてください。焼く際に表記の温度にさげるようにしてください。

●発酵のこと

紹介しているレシピは、パン作りに適した春や秋の室温（20～25℃）を基準にしています。そのため、気温が低い冬、高い夏は、生地の発酵具合を見て調整が必要です。冬は発酵がすすみにくいので、しっかりと膨らむまで時間をかけてください。逆に夏は、発酵が早いです。ただ、じっくり発酵させた方が旨みは増すので、冷たい水を使うなど工夫をしてください。天然酵母の一次発酵と、イーストと天然酵母の最終発酵は、基本的に暖かい場所（28～30℃）で行います。生地をのせたバットとお湯をはったボウルを一緒に、ふた付きの発泡スチロールの箱や衣装ケースに入れても良いですし、大きなビニール袋を生地につかないようにかぶせても良いです。やりやすい方法で発酵させてください。

●水温と水分量のこと

水温や水分量に関しても季節によって調整が必要です。下記が目安になります。

春・秋（気温20～25℃）
　…適水温は24～25℃
冬（気温18～20℃）
　…適水温は30～35℃・水分量多め
夏（気温28～30℃）
　…適水温は15～17℃・水分量少なめ

冬はぬるま湯を使用し、生地が乾燥しやすいので水分量は多めにしてみてください。夏はできるだけ冷たい水を使用し、生地がべたつきやすいので、加える水の量は少し減らしてみてください。
また、使用する粉によっても吸水率は異なります。レシピの水分量は目安なので、春や秋であっても、生地がべたつく、もしくは粉っぽいと感じるときは水分量を適宜調整して作ってください。

この本のイーストのパンの特徴

＜ イーストはごく少量しか使いません ＞

粉本来のもつ小麦の香りや旨みを感じられるパンを焼くために、使用するイーストをごく少量にしています。そのため、レシピでは小数点第1位まで記載をしているので、きちんと計ってパン作りをしてください。お店ではさらに少ないイースト量で焼いています。何度も焼いて発酵や生地に関しての感触がつかめたら、レシピのさらに半分のイースト量にして挑戦することも可能です。発酵時間はさらにかかりますが、より小麦のおいしさを感じられるはずです。

＜ 時間がパンをおいしくする長時間発酵 ＞

イーストを少ししか使用しないので、その分、ゆっくりと長時間かけて発酵させます。パンをこねてから焼きあがるまでの時間は長いものの、ゆっくり発酵させる時間が、パンをおいしくしてくれます。またそれにより、うれしいことに作業時間は短くなります。こねすぎによる、生地の酸化も防ぐことができます。

＜ 自分のタイミングでパンを焼ける ＞

通常のパン作りは、こねはじめたら焼きあがりまでその日中に行うことが多いです。でも、今回は、生地を冷蔵庫で8〜12時間（最長24時間）のんびり寝かせて発酵させる低温長時間発酵をとっています。そのため、次の作業を行うまでの時間がたっぷりとあります。前日に仕込んで、翌日の手の空いたときにパンを焼くことができます。

イーストのパン作りの流れ

パン作り

1. 発酵種をとる ──────────● 前日の夕食後
   *ソフトブレッド(P.30～)シリーズのみ
   室温で1時間

2. こねる

3. 一次発酵 ──────────● 前日の夜
   室温で1時間半*
   →冷蔵庫で8～12時間（最長24時間）
   *ソフトブレッドシリーズのみ

   冷蔵庫から取り出す ──────● 当日の起床後すぐ
   室温で2時間

4. 分割 ────────────● 当日午前中

5. ベンチタイム
   *ソフトブレッドとベーグル(P.36～)シリーズのみ
   室温で10～20分

6. 成形

7. 最終発酵
   暖かい場所で40分～2時間発酵

8. 焼成 ────────────● 当日 昼

おすすめのタイムスケジュール

BASIC 01
ハードブレッド

中を割ると、たっぷりの気泡。
多めの水分量で、
もっちりとした食感のバゲットです。
できるだけ生地に触れないように作るのが、
おいしく仕上げるポイント。

ARRANGE

ライ麦ひまわりパン_P.22

栗とカシスのパン_P.24

コーンバトン_P.26

あんバゲット_P.28

材料 ／ 4本分

準強力粉 —— 250g
ドライイースト —— 0.7g
塩 —— 5g
水 —— 190g

作り方

【1】こねる

ボウルに準強力粉、ドライイーストを入れてカードで混ぜ、中心にくぼみを作る。

塩を溶かした水を入れる。

カードで粉と水を合わせるようにして混ぜる。

ある程度混ざったら、手を使ってさらに全体がしっかりなじむまでこねる。

手にベタベタつくようになってきたら、ひとまとめにする。

【2】一次発酵

生地をふた付き容器に移してふたをし、冷蔵庫に8〜12時間（最長24時間）置いて、1.5〜2倍くらいの大きさに膨らむまで発酵させる。

BASIC 01 / HARD BREAD

冷蔵庫から取り出し、生地の温度が16〜17℃になるまで、室温で約2時間ほど置く。

発酵後の生地。

【3】分割

生地を容器から取り出す。生地と台に打ち粉をふり、側面一周にカードを差し込んではがす。

容器を逆さまにして、生地にあまり触れないようにカードを使って、台に取り出す。

スケッパーで生地を4分割（1切れ約110g）する。生地を小刻みにしないように気をつける。

【4】成形

生地を手のひらで軽く押さえてガスを抜く。

手前から1/3を向こう側に折る。

生地のとじ目をなくすように指で押さえてなじませる。

向こう側から1/3を手前に折り、指で押さえてなじませて、生地を3つ折りにする。

【5】最終発酵

さらに向こう側から手前に2つ折りにする。親指の付け根で、生地のとじ目をとじる。

両手で転がして、細長く形作る。

バットの上にキャンバス布を敷き、打ち粉をふる。とじ目を下にして生地を並べる。布で山を作り、生地がだれて広がらないようにする。

【6】焼成

乾燥しないようにして、暖かい場所で40分(冬は〜1時間半)発酵。
＊写真は、発砲スチロールの箱に、熱湯をはったボウルと一緒に入れて発酵。

温めておいた天板にオーブンシートを敷き生地を移し、打ち粉をふる。クープナイフで斜めに3本クープを入れる。
＊ハードブレッドシリーズは、オーブンを予熱する際に天板も入れて、温めておく。

霧吹きで生地に水をかけて、予熱した250℃のオーブンで15分焼く。

成形を変えてパヴェに

同じ生地を、分割をせずにそのまま3つ折りにして成形。

【1】 ハードブレッドの【1】、【2】(P.19)まで同様に作り、生地を台に取り出し、分割をせずにそのまま手のひらで軽く押さえて、3つ折りにする(a)。

【2】 ハードブレッドの【5】(P.21)と同様にとじ目を下にして発酵させる。オーブンシートを敷き天板に移し、打ち粉をふる。縦と横に各3本クープを入れ(b)、ハードブレッドの【6】と同様に焼く。

21

BASIC 01 / HARD BREAD
_ ARRANGE

RYE AND
SUNFLOWER SEEDS
BREAD

ライ麦ひまわりパン

ライ麦パフとひまわりの種をたっぷりと混ぜ込んだ、香ばしい味わい。フィリングが生地全体に広がるように、しっかりこねて混ぜ合わせて。

材料／1個分

準強力粉 —— 250g
ドライイースト —— 0.7g
塩 —— 5g
水 —— 190g
ライ麦パフ —— 40g
ひまわりの種 —— 40g

準備

・砂糖0.5g、塩0.2gを溶かした熱湯80g（すべて分量外）を小さめの器に入れて、ライ麦パフを入れ、全体にお湯がしみ込むように一晩浸ける。
・ひまわりの種は、160℃のオーブンで20分ローストする。

作り方

【1】**こねる**　ボウルに準強力粉、ドライイーストを入れてゴムベラで混ぜ、塩を溶かした水を加えて混ぜる。

【2】ある程度まとまったら、生地をボウルに伸ばしつけ、ライ麦パフとひまわりの種（a）を加え（b）、折りたたんで混ぜ合わせる（c）。伸ばしつける→折りたたむ、を繰り返して（d）、生地に均等に混ざるようにこねる（e）。

【3】**一次発酵**　ふた付き容器に移してふたをし、冷蔵庫に8〜12時間（最長24時間）置いて、1.5〜2倍に膨らむまで発酵させる。冷蔵庫から出し、生地の温度が16〜17℃になるまで、室温に置く。

【4】**成形**　生地と台に打ち粉をふり、生地にあまり触れないように、カードを使って生地を取り出す。生地を手のひらで軽く押さえて、3つ折りに成形する。

【5】**最終発酵**　バットにキャンバス布を敷いて打ち粉をふり、とじ目を下にして生地をのせる。乾燥しないようにして、暖かい場所で40分（冬は〜1時間半）発酵させる。

【6】**焼成**　温めておいた天板にオーブンシートを敷き、生地を移し、打ち粉をふる。葉っぱの模様にクープを入れる（f）。霧吹きで生地に水をかけて、予熱をした250℃のオーブンで20分焼く。

BASIC 01 / HARD BREAD
_ ARRANGE

CHESTNUT
AND CASSIS BREAD

栗とカシスのパン

そのままでももちろん、サンドイッチにも合うパンです。
具はバルサミコソースをからめたチキンなどの肉類がぴったり。

材料／5個分

準強力粉 —— 250g
ドライイースト —— 0.7g
塩 —— 5g
水 —— 190g
甘栗 —— 100g
ドライカシス —— 40g
好みの洋酒（ラム酒やブランデーなど）
　　—— 5g

準備

・甘栗は粗く砕き、ドライカシスと一緒に、好みの洋酒に一晩浸ける(a)。

作り方

【1】**こねる**　ボウルに準強力粉、ドライイーストを入れてゴムベラで混ぜ、塩を溶かした水を加えて混ぜる。

【2】ある程度まとまったら、生地をボウルに伸ばしつけて、甘栗とドライカシスを洋酒ごと加え、折りたたんで混ぜ合わせる。伸ばしつける→折りたたむ、を繰り返して、生地に均等に混ざるようにこねる。

【3】**一次発酵**　ふた付き容器に移してふたをし、冷蔵庫に8〜12時間(最長24時間)置いて、1.5〜2倍に膨らむまで発酵させる。冷蔵庫から出し、生地の温度が16〜17℃になるまで、室温に置く。

【4】**分割・成形**　生地と台に打ち粉をふり、生地にあまり触れないようにカードを使って生地を取り出す。生地を手のひらで軽く押さえて、3つ折りにして、スケッパーで5分割(1切れ約120g)する(b、c)。

【5】**最終発酵**　バットにキャンバス布を敷いて打ち粉をふり、生地を並べる。乾燥しないようにして、暖かい場所で40分(冬は〜1時間半)発酵させる。

【6】**焼成**　温めておいた天板にオーブンシートを敷き、生地を移し、打ち粉をふる。斜めに1本クープを入れる。霧吹きで生地に水をかけて、予熱をした250℃のオーブンで15分焼く。

BASIC 01 / HARD BREAD
_ ARRANGE

CORN BREAD

コーンバトン

とうもろこしのつぶつぶとした食感とやさしい甘みが引き立つパン。
夏のフレッシュなとうもろこしでぜひ作ってみてください。

a

材料／5個分

準強力粉 —— 250g
ドライイースト —— 0.7g
塩 —— 5g
水 —— 190g
とうもろこし(生、または缶詰)
    —— 100g

準備

・生のとうもろこしの場合は、200℃のオーブンで、皮がついたまま1時間じっくり焼き、粒をはずす。缶詰の場合は、水気を切っておく。

作り方

【1】こねる　ボウルに準強力粉、ドライイーストを入れてゴムベラで混ぜ、塩を溶かした水を加えて混ぜる。

【2】ある程度まとまったら、生地をボウルに伸ばしつけ、とうもろこしを加え、折りたたんで混ぜ合わせる。伸ばしつける→折りたたむ、を繰り返して、生地に均等に混ざるようにこねる。

【3】一次発酵　ふた付き容器に移してふたをし、冷蔵庫に8〜12時間(最長24時間)置いて、1.5〜2倍に膨らむまで発酵させる。冷蔵庫から出し、生地の温度が16〜17℃になるまで、室温に置く。

【4】分割・成形　生地と台に打ち粉をふり、生地にあまり触れないようにカードを使って生地を取り出す。生地を手のひらで軽く押さえて、3つ折りにして裏返す。スケッパーで5分割(1切れ約110g)し、分割した生地を軽く長方形に整える(a)。
＊とうもろこしの水分で生地が柔らかいので、多めに打ち粉をしながら行うと良い。

【5】最終発酵　バットにキャンバス布を敷いて打ち粉をふり、生地を並べる。乾燥しないようにして、暖かい場所で40分(冬は〜1時間半)発酵させる。

【6】焼成　温めておいた天板にオーブンシートを敷き、生地を移し、打ち粉をふる。霧吹きで生地に水をかけて、予熱をした250℃のオーブンで15分焼く。

BASIC 01 / HARD BREAD
_ ARRANGE

SWEET BEAN PASTE
BAGUETTE

あんバゲット

粒あんと組み合わせるのは、噛み応えのあるバゲットなのがcimai流。
焼きあがったときに粒あんがパン生地からはみ出すくらい、たっぷり入れて。

材料／6個分

準強力粉 —— 250g

ドライイースト —— 0.7g

塩 —— 5g

水 —— 190g

粒あん —— 300g

作り方

【1】こねる　ボウルに準強力粉、ドライイーストを入れてカードで混ぜ、塩を溶かした水を加えて混ぜる。ある程度まとまったら、手を使ってさらに全体がしっかりなじむまでこねて、ひとまとまりにする。

【2】一次発酵　ふた付き容器に移してふたをし、冷蔵庫に8〜12時間（最長24時間）置いて、1.5〜2倍に膨らむまで発酵させる。冷蔵庫から出し、生地の温度が16〜17℃になるまで、室温に置く。

【3】分割　生地と台に打ち粉をふり、生地にあまり触れないようにカードを使って生地を取り出す。スケッパーで生地を6分割（1切れ約70g）する。

【4】成形　生地を横長に置き、手のひらで軽く押さえる。真ん中に粒あん50gを置いて(a)、3つ折りにして包む(b、c)。両手で転がして(d)、細長く形作る(e)。

【5】最終発酵　バットにキャンバス布を敷いて打ち粉をふり、とじ目を下にして生地を並べる。布で山を作り、生地がだれて広がらないようにする。乾燥しないようにして、暖かい場所で40分（冬は〜1時間半）発酵させる。

【6】焼成　温めておいた天板にオーブンシートを敷き、生地を移し、打ち粉をふる。霧吹きで生地に水をかけて、予熱をした250℃のオーブンで15分焼く。

BASIC 02
ソフトブレッド

しっとり、もっちりとした
柔らかい食感のソフトブレッド。
驚くほどのもっちり感は
最初にイーストの発酵種を作る、ひと手間のおかげ。
毎日食べたくなる飽きのこないおいしさです。

ARRANGE

レーズンブレッド _P.34
シリアルブレッド _P.35

＜ 発酵種の作り方 ＞

材料を混ぜて発酵させておくだけでできる発酵種。このひと手間で、イーストの量はごくわずかの、こねる時間の少ない、風味の増したパンに。ハードブレッド(P.19)の一次発酵後の生地、同分量で代用可能です。

● **材料** ／ できあがり90g
準強力粉* ─── 50g
ドライイースト ─── 0.1g
塩 ─── 1g
水 ─── 40g
*強力粉または中力粉でも良い。

1　ボウルに材料をすべて入れて、ゴムベラで混ぜる。

2　粉っぽさがなくなり、混ぜ合わさったら、保存瓶に入れて、ふたをする。

3　室温で1時間半置いて、1.5〜2倍に膨らむまで発酵させる。
＊冷蔵庫で3日ほど保存可能。

材料 ／ 長さ15cmの角食型1斤分

強力粉 ─── 250g
きび砂糖 ─── 15g
塩 ─── 5g
ドライイースト ─── 0.7g
発酵種 ─── 25g

水 ─── 180g
太白ごま油 ─── 15g

作り方

【1】こねる

ボウルに水を入れ、発酵種を細かくちぎって加える。

別のボウルに強力粉、きび砂糖、塩、ドライイーストを入れて、ゴムベラで混ぜ、中心にくぼみを作り、発酵種を加えた水を入れる。

ゴムベラで粉と水を合わせるように混ぜる。

BASIC 02 / SOFT BREAD

生地をボウルに伸ばしつける。

折りたたんで混ぜ合わせる。

太白ごま油を3〜4回に分けて加える。

ごま油を加える度に、伸ばしつける→折りたたむ、を繰り返して、よく混ぜ合わせる。

【2】一次発酵

ふた付き容器に移してふたをし、室温に1時間半（夏は1時間）置く。その後、冷蔵庫に8〜12時間（最長24時間）置いて、発酵。冷蔵庫から取り出し、生地の温度が16〜17℃になるまで約2時間ほど室温に置く。

【3】分割

生地と台に打ち粉をふり、容器の側面一周にカードを差し込んではがす。容器を逆さまにして、生地にあまり触れないように、カードを使って台に取り出す。

1切れ約250gになるように、スケッパーで生地を2分割する。

生地のガスを抜くように手のひらで軽く押さえて、手前から向こう側に2つ折りにする。とじ目を下に作るように丸める。

【4】ベンチタイム

打ち粉をふったバットに生地を並べ、乾燥しないようにして、暖かい場所で20分休ませる。
*ぬれ布巾をかけるか、生地に触れないようにビニール袋をかぶせても良い。

【5】成形・最終発酵

生地を手のひらで軽く押さえてガスを抜く。

手前から1/3を向こう側に折り、とじ目を指で押さえてなじませる。向こう側から1/3を手前に折り、とじ目をなじませて、生地を3つ折りにする。

生地を裏返して90度まわす。

めん棒で真ん中を起点にして、向こう側へ伸ばす。

真ん中から手前側へ伸ばす。

向こう側から手前にくるくると丸める。

巻き終えたら、親指のつけ根で、生地のとじ目をとじて、ロール状に成形する。もう1個の生地も同様に成形。型の内側にサラダ油（分量外）を塗る。

生地のとじ目を下にして型に入れ、手で軽く上から押さえる。ふたをして、暖かい場所で1時間半～2時間、型の8分目に膨らむまで発酵させる。

【6】焼成

発酵後の生地。生地が乾いているようなら、霧吹きで水をかけて、ふたをし、予熱をした240℃のオーブンで25分焼く。

BASIC 02 / SOFT BREAD
_ ARRANGE

RAISIN BREAD

レーズンブレッド

ラムやブランデーなどの洋酒でマリネした格別の風味のレーズンがたっぷり。

材料／長さ15cmの角食型1斤分

強力粉 —— 250g
きび砂糖 —— 15g
塩 —— 5g
ドライイースト —— 0.7g
発酵種（P.31）—— 25g
水 —— 180g
太白ごま油 —— 15g
レーズン —— 100g
好みの洋酒
（ラムやブランデーなど）—— 30g

準備

・レーズンを、水（分量外）に30分浸けて水気を切り、洋酒に一晩浸け込む。

作り方

【1】こねる　ソフトブレッドの【1】（P.31）と同様に、レーズン以外の材料をゴムベラで混ぜ、生地をこねる。生地に油がなじんだら、洋酒ごとレーズンを加える。伸ばしつける→折りたたむ、を繰り返し、レーズンが均等にいき渡るように混ぜる。

【2】一次発酵　ソフトブレッドの【2】（P.32）と同様に一次発酵させる。

【3】分割・ベンチタイム　生地と台に打ち粉をふり、カードで生地を取り出す。スケッパーで2分割(1切れ約300g)する。ソフトブレッドの【3】と同様に丸め、乾燥しないようにして、暖かい場所で20分休ませる。

【4】成形・最終発酵　ソフトブレッドの【5】(P.33)と同様に、ロール状に成形する。型の内側にサラダ油（分量外）を塗り、とじ目を下にして生地を入れる。手で軽く上から押さえてふたをし、暖かい場所で1時間半〜2時間発酵させる。

【5】焼成　霧吹きで生地に水をかけてふたをし、予熱をした240℃のオーブンで25分焼く。

CEREAL BREAD
シリアルブレッド

雑穀とひまわりの種がぎっしりと入った、
香ばしい風味のパン。それぞれに異なる食感も楽しい。

材料 ／ 長さ15cmの角食型1斤分

強力粉 —— 250g
塩 —— 5g
きび砂糖 —— 8g
ドライイースト —— 0.7g
発酵種(P.31) —— 25g
モルトシロップ —— 8g
水 —— 180g
太白ごま油 —— 15g
ひまわりの種 —— 100g
雑穀ミックス —— 20g

作り方

【1】こねる　ボウルにモルトシロップ、水を入れ、発酵種を細かくちぎって加える。ソフトブレッドの【1】(P.31)と同様に、ひまわりの種、雑穀ミックス以外の材料をゴムベラで混ぜて、生地をこねる。生地に油がなじんだら、ひまわりの種、雑穀ミックスを加える。伸ばしつける→折りたたむ、を繰り返して、均等にいき渡るよう混ぜる。

【2】一次発酵　ソフトブレッドの【2】(P.32)と同様に一次発酵させる。

【3】分割・ベンチタイム　生地と台に打ち粉をふり、カードで生地を取り出す。スケッパーで2分割(1切れ約300g)する。ソフトブレッドの【3】と同様に丸めて、乾燥しないようにして、暖かい場所で20分休ませる。

【4】成形・最終発酵　ソフトブレッドの【5】(P.33)と同様に、ロール状に成形する。型の内側にサラダ油(分量外)を塗り、とじ目を下にして生地を入れる。手で軽く上から押さえてふたをし、暖かい場所で1時間半〜2時間発酵させる。

【5】焼成　霧吹きで生地に水をかけてふたをし、予熱をした240℃のオーブンで25分焼く。

BASIC 03
ベーグル

発酵種を使った、
ふっくらむっちりとした食感のベーグルは、
独特のチュイニー感があり食べやすい。
たくさんの人に愛されるベーグルです。

ARRANGE

栗ベーグル_P.40
チョコナッツベーグル_P.42
ライ麦フルーツベーグル_P.43

材料 ／4個分

- 強力粉 —— 250g
- きび砂糖 —— 10g
- ドライイースト —— 0.7g
- 豆乳 —— 65g
- 水 —— 90g
- 塩 —— 5g
- 発酵種(P.31) —— 25g

作り方

【1】こねる

ボウルに強力粉、きび砂糖、ドライイーストを入れて、カードで混ぜる。別のボウルに、豆乳、水、塩、ちぎった発酵種を入れてゴムベラで混ぜ、粉に加える。

カードで粉と水分を合わせるように混ぜる。

生地がひとかたまりになったら、打ち粉をふった台の上に取り出す。

手で台にこすりつけるように伸ばす→まとめる、を繰り返して、5分ほどよくこねる。

【2】一次発酵

生地がまとまったら、ふた付き容器に移してふたをし、室温に1時間半(夏は1時間)置く。その後、冷蔵庫に8〜12時間(最長24時間)置いて発酵させる。

冷蔵庫から取り出し、生地の温度が16〜17℃になるまで、室温で約2時間ほど置く。

BASIC 03 / BAGEL

【3】分割・ベンチタイム

生地と台に打ち粉をふり、容器の側面一周にカードを差し込んではがす。生地にあまり触れないようにカードを使って台に取り出す。スケッパーで生地を4分割（1切れ約110g）する。

生地を横長に置き、2つに折りたたむ。

打ち粉をふったバットの上に生地を並べ、乾燥しないようにして、暖かい場所で20分休ませる。

【4】成形

生地を横長に置き、真ん中を起点に、めん棒で生地を伸ばす。

手前から1/3を向こう側に折り、とじ目をなじませる。

向こう側から1/3を手前に折り、とじ目をなじませ、3つ折りにする。

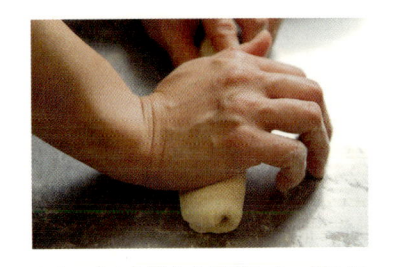

さらに向こう側から手前に2つ折りにし、片方が太めになるよう意識しながら、親指の付け根で、生地のとじ目をとじる。

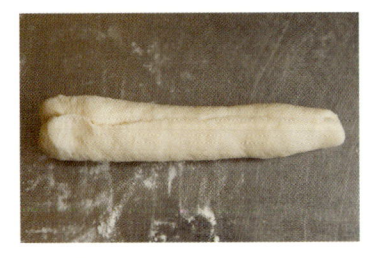

片方が太い状態。

太くした方の端を、手で押して平らにする。

細い端から巻きはじめ、平らにした端を巻きはじめにかぶせてリング状にする。

かぶせた部分は下にしっかり入れ込む。

裏返して、かぶせた部分をつまんでしっかりとめる。

【5】最終発酵

つまんでとめた状態。

打ち粉をふったバットの上に移し、乾燥しないようにして、暖かい場所で40分（冬は〜1時間半）発酵させる。

発酵後の生地。

【6】ゆでる

フライパンに熱湯（分量外）をたっぷり沸かし、砂糖大さじ2（分量外）を入れる。ベーグルを入れて片面を1分中火でゆでる。

木べらで裏返し、もう片面を30秒ほどゆでる。

【7】焼成

湯を切り、天板に生地を移し、予熱をした230℃のオーブンで13分焼く。

BASIC 03 / BAGEL
_ ARRANGE

CHESTNUT BAGEL

栗ベーグル

生地には栗の渋皮煮とマロンペーストを加え、中にはマロンナッツのペーストを巻き込みます。栗のおいしさを存分に味わえる秋ベーグル。

材料／5個分

強力粉 —— 250g
きび砂糖 —— 10g
ドライイースト —— 0.7g
豆乳 —— 60g
塩 —— 5g
水 —— 90g
発酵種(P.31) —— 25g
マロンペースト(市販品) —— 25g
栗の渋皮煮(市販品) —— 50g
マロンナッツペースト(P.44)(a) —— 75g

準備

・栗の渋皮煮は細かく刻んでおく。

作り方

【1】こねる　ボウルに強力粉、きび砂糖、ドライイーストを入れて、カードで混ぜる。別のボウルに、豆乳、塩、水、ちぎった発酵種、マロンペーストを入れてゴムベラで混ぜ、粉に加え(b)、ベーグルの【1】(P.37)と同様にこねる。生地がまとまったら、栗の渋皮煮を加えて(c)、栗がくずれるくらいよくこねる(d)。

【2】一次発酵　ふた付き容器に移してふたをし、室温に1時間半(夏は1時間)置く。その後、冷蔵庫に8〜12時間(最長24時間)置いて発酵。冷蔵庫から出し、生地の温度が16〜17℃になるまで、室温に置く。

【3】分割・ベンチタイム　生地と台に打ち粉をふり、カードを使って生地を取り出す。生地を5分割(1切れ約100g)する。折りたたんで、打ち粉をふったバットの上に生地を並べて、乾燥しないようにして、暖かい場所で20分休ませる。

【4】成形　生地をめん棒で伸ばし、真ん中に4等分にしたマロンナッツペーストを塗り(e)、ベーグルの【4】(P.38)と同様に成形する(f)。

【5】最終発酵　打ち粉をふったバットの上に移し、乾燥しないようにして、暖かい場所で40分(冬は〜1時間半)発酵させる。

【6】ゆでる・焼成　フライパンに熱湯(分量外)を沸かして砂糖大さじ2(分量外)を入れ、片面を1分、もう片面を30秒ゆでる。天板に生地を移し、予熱をした230℃のオーブンで13分焼く。

BASIC 03 / BAGEL
_ ARRANGE

CHOCOLATE AND NUTS BAGEL
チョコナッツベーグル

ナッツやカカオで深みのある味わいに
仕あげたペーストを、チョコ生地にたっぷりと。

材料／5個分

強力粉 —— 225g
全粒粉 —— 25g
きび砂糖 —— 10g
ドライイースト —— 0.7g
豆乳 —— 65g
塩 —— 5g
水 —— 100g
発酵種(P.31) —— 25g
チョコレート —— 50g
チョコナッツペースト(P.44)
　　　 —— 75g

作り方

【1】チョコレートは、半量は湯せんにかけて溶かし、残りは2cm角に刻む。

【2】こねる　ボウルに強力粉、全粒粉、きび砂糖、ドライイーストを入れて、カードで混ぜる。ベーグルの【1】(P.37)と同様に、水分を加えて、ある程度混ざったら、溶かしたチョコを加えてよく混ぜる。打ち粉をふった台に出し手でこね、刻んだチョコを加えてさらにこねる。

【3】一次発酵　ベーグルの【2】と同様に、一次発酵させる。

【4】分割・ベンチタイム　生地と台に打ち粉をふり、カードで生地を取り出す。スケッパーで5分割（1切れ約100g）する。ベーグルの【3】(P.38)と同様に、生地を折りたたみ、乾燥しないようにして、暖かい場所で20分休ませる。

【5】成形・最終発酵　生地を横長に置き、めん棒で伸ばし、チョコナッツペーストを15g塗り、ベーグルの【4】、【5】と同様にリング状に成形し、発酵させる。

【5】ゆでる・焼く　ベーグルの【6】、【7】(P.39)と同様に、ベーグルをゆでて天板に移し、予熱をした230℃のオーブンで13分焼く。

RYE AND DRY FRUIT BAGEL
ライ麦フルーツベーグル

スパイスが、ドライフルーツの風味を引き立てるアクセントに。

材料／5個分

強力粉 —— 225g
ライ麦粉 —— 25g
きび砂糖 —— 20g
ドライイースト —— 0.7g
カルダモン、コリアンダー、シナモン
　（すべてパウダー）—— 各少々
発酵種(P.31) —— 25g
豆乳 —— 65g
塩 —— 5g
水 —— 90g
洋酒漬けドライフルーツ（市販品）
　—— 50g

作り方

【1】こねる　ボウルに強力粉、ライ麦粉、きび砂糖、ドライイースト、カルダモン、コリアンダー、シナモンを入れて、カードで混ぜる。ベーグルの【1】(P.37)と同様に、水分を加えて、材料を混ぜる。ひとかたまりになったら、打ち粉をふった台に出し手でこね、ドライフルーツを加えて、均等に混ざるようにさらにこねる。

【2】一次発酵　ベーグルの【2】と同様に、一次発酵させる。

【3】分割・ベンチタイム　生地と台に打ち粉をふり、カードで生地を取り出す。スケッパーで5分割（1切れ約100g）する。ベーグルの【3】(P.38)と同様に、生地を折りたたみ、乾燥しないようにして暖かい場所で20分休ませる。

【4】成形・最終発酵　ベーグルの【4】、【5】と同様にリング状に成形し、乾燥しないようにして、暖かい場所で40分（冬は〜1時間半）発酵させる。

【4】ゆでる・焼く　ベーグルの【6】、【7】(P.39)と同様に、ベーグルをゆでて、天板に移し、予熱をした230℃のオーブンで13分焼く。

パンに合う ＜ペースト＆ソース＞

こくのある上品な甘さ
マロンナッツペースト

材料（作りやすい分量）

アーモンドプードル ── 100g
マロンペースト（市販品） ── 165g
はちみつ ── 20g
塩 ── 1g
ラム酒 ── 2g
水 ── 50g

【1】アーモンドプードルは160℃のオーブンで20～25分、途中何度か混ぜながらローストする。粗熱が取れたらボウルに移し、水を入れてゴムベラで混ぜる。

【2】別のボウルにマロンペーストをほぐして入れ、はちみつ、塩を加え、その都度ゴムベラでよく混ぜる。ラム酒を2回に分けて入れ、よく混ぜる。

【3】【2】に【1】を3回に分けて入れ、その都度よく混ぜる。
＊冷蔵庫で1週間保存可能。

ヘーゼルナッツの香ばしさがポイント
チョコナッツペースト

材料（作りやすい分量）

ヘーゼルナッツパウダー ── 100g
チョコレート ── 50g
はちみつ ── 20g
塩 ── 1g
ブランデー ── 2g
水 ── 50g

【1】ヘーゼルナッツパウダーは160℃のオーブンで20～25分、途中何度か混ぜながらローストする。粗熱が取れたらボウルに移し、水を入れてゴムベラで混ぜる。

【2】別のボウルにチョコレートを入れて湯せんで溶かし、はちみつ、塩、ブランデーの順に加え、その都度ゴムベラでよく混ぜる。

【3】【2】に【1】を3回に分けて入れ、その都度よく混ぜる。
＊冷蔵庫で1週間保存可能。

雑穀を使ったヘルシーなベジタブルソース
高きびミートソース

材料（作りやすい分量）

高きび ── 100g
玉ねぎ（粗みじん切り） ── 大1個
セロリ（粗みじん切り） ── 1本
にんじん（粗みじん切り） ── 1/2本
マッシュルーム（粗みじん切り） ── 1パック
しめじ（粗みじん切り） ── 100g
ニンニク ── 2片（1片はみじん切り、1片はすりおろす）
オリーブオイル ── 大さじ1
トマト缶 ── 400g　トマトピューレ ── 300g
レッドキドニー（水煮） ── 230g　ローリエ ── 1枚
オレガノパウダー、クミンパウダー ── 各少々

【1】高きびは水から、柔らかくなるまでゆでる。ゆであがったら、ざるにあげて水気を切る。

【2】鍋にオリーブオイル、みじん切りのニンニクを入れて炒め、香りが立ったら、玉ねぎ、セロリ、にんじん、マッシュルーム、しめじの順に鍋に入れて、しんなりするまで炒める。

【3】トマト缶、トマトピューレ、水気を切ったレッドキドニー、ローリエ、オレガノパウダー、クミンパウダー、すりおろしたニンニクを入れて、中火で煮込む。塩、こしょう（ともに分量外）で味をととのえる。
＊冷凍庫で1か月ほど保存可能。

CHAPTER

02
―

天然酵母の
パン

この本の<u>天然酵母</u>のパンの特徴

＜ 風味豊かな日常に寄り添うパン ＞

天然酵母のパンというと、ずっしり重いハード系のパンをイメージする人も多いと思いますが、今回は定番のカンパーニュから、ふわっとした食感のイングリッシュマフィンまで、食べやすい天然酵母のパンも紹介しています。また酵母の元種を作るので、手間と時間がかかりますが、天然酵母ならではの奥深い香りと風味を楽しめます。

<u>天然酵母</u>のパン作りの流れ

酵母作り		
	1. 発酵エキスを作る	7日以上前
	2. 酵母を作る	3日前

パン作り		
	1. オートリーズをとる ＊カンパーニュ（P.50〜）シリーズのみ 室温で2時間	当日 午前
	2. こねる	
	3. 一次発酵 暖かい場所で2時間半〜3時間	
	4. 分割	当日 昼
	5. ベンチタイム 室温で10〜20分	
	6. 成形	
	7. 最終発酵 暖かい場所で2時間から2時間半	
	8. 焼成	当日 午後

おすすめのタイムスジュール

発酵エキスを作る

発酵エキスの元になるのは、発酵力が強く、初心者でも作りやすいレーズン。まずはこのレーズンを発酵させて、1週間ほどかけて発酵エキスを作ります。

材料

レーズン（ノンオイルコーティング）* ―― 200g
水 ―― 600g
*レーズンはできれば、有機栽培の新鮮なものを。

準備

・密閉式の瓶（容量1リットルほど）を用意し、煮沸消毒する。

作り方

1日目

煮沸した瓶にレーズン、水を入れてふたをし、部屋のできるだけ暖かい場所に置く。

2日目

レーズンが膨らんで、小さな気泡が出てくる。1日1〜2回、瓶を上下にしてよくふる。雑菌が入るので、ふたはあけなくて良い。

3〜4日目

気泡の量が少しずつ増える。

5〜7日目

レーズンが浮いた状態になり、水のにごりが濃くなる。ふたをあけたときに「シュワッ」とガスが十分に発生していたら、発酵が完了。

ざるでこして、レーズンを取り除く。レーズンからも発酵エキスをしっかり搾り出す。

搾り出した後の発酵エキス。
*冷蔵庫で1か月ほど保存可能。

酵母を作る

できあがった発酵エキスに粉を加えて、酵母を作ります。2日で作る方法を紹介しますが、丸々1日時間が取れる場合は2日に分けずに1日で作るのも可能です。その場合は冷蔵庫で寝かせる工程は省き、続けて作業をします。

材料

発酵エキス*（P.47） —— 50g
強力粉** —— 50g
塩 —— 0.5g

＊瓶の底に沈殿物がたまるので、計量の際によくふって、これも一緒に使用すると良い。
＊＊準強力粉または中力粉でも良い。

準備

・密閉式の瓶（500mlほど）を用意し、きれいに洗ってよく乾かしておく。

作り方

1日目

きれいに洗ったボウルに発酵エキス、強力粉、塩を入れる。

ゴムベラで粉っぽさがなくなるようにしっかり混ぜる。

瓶に移してふたをし、室温で暖かい場所（25〜28℃）に5〜6時間（冬は7〜8時間）置いて、2〜2.5倍くらいの大きさに膨らむまでしっかり発酵させる。

発酵後の状態。この状態になったら冷蔵庫へ入れておく。

2日目

材料

1日目の酵母 —— 全量
発酵エキス（P.47） —— 100g
強力粉* —— 100g
塩 —— 0.5g

＊準強力粉または中力粉でも良い。

ボウルに1日目の酵母、発酵エキス、強力粉、塩を入れる。

ゴムベラで粉っぽさがなくなるようにしっかり混ぜる。

瓶に移してふたをし、室温で5〜6時間（冬は7〜8時間）置いて発酵させる。

大きな気泡が発生し2〜2.5倍くらいの大きさに膨らんだら、酵母の完成。
＊ふたを押しあげるほど発酵した状態。

● 保存について

できあがった酵母は、できるだけ早めに使った方が、おいしいパンに焼きあがります。すぐに使わない、もしくは残ったときは、乾燥しないようにしっかりふたをして、3〜4日冷蔵庫で保存できます。

酵母の継ぎ方

完成した酵母の一部を元種として、粉、塩、水を加えると、さらに強く安定した酵母を作ることができます。酵母は継ぐほど、酸味のある風味の強いパンに仕あがります。

材料

酵母 —— 25g
強力粉* —— 100g
塩 —— 0.5g
水 —— 100g

＊準強力粉または中力粉でも良い。

作り方

ボウルに酵母、強力粉、塩、水を入れて、ゴムベラで混ぜ合わせ、煮沸消毒した密閉式の瓶*に移す。室温で5〜6時間（冬は7〜8時間）置き、2〜2.5倍くらいの大きさに膨らむまで発酵させる。できあがった酵母は2日ほど冷蔵庫で保存可能。再び継ぐ場合はここから25gの酵母を取って、同じように継いでいく。

＊瓶は一度煮沸消毒をしたら、その後はきれいに洗って自然乾燥させたもので良い。

＜ うまく発酵しないときに確認したいこと ＞

- 室温（25〜28℃）
- 同じ場所で発酵させる
- 自然素材の近くの場所
- 発酵時間
- 発酵エキスの状態

酵母菌は木などの自然素材と相性が良く、定位置に置くことで、そのまわりに菌がすみやすくなります。自然素材の棚などの、室温でも暖かい（25〜28℃）ところを定位置にして、発酵させてください。うまく発酵しなくても、続けることで菌が増え、安定したパンを焼けるようになります。また、発酵時間を過ぎたのに膨らんでいないときは、発酵に時間がかかっていることも。そのときは少し待ってあげてください。ほかにも、発酵エキス自体の雑菌の繁殖が原因の場合もあります。その際は、発酵エキスから作り直してください。

BASIC 04

カンパーニュ

粉の芯までしっかり給水させる
「オートリーズ製法」で作るカンパーニュ。
弾力のあるグルテンを作ることで、
ずっしり、もっちりとした食べ応えです。
小麦本来の力強い風味を楽しんで。

ARRANGE

パン・オ・ノワ _P.54
パン・オ・フリュイ _P.56
ショコラコンプレ _P.58

＜ オートリーズ製法とは ＞

・粉の芯まで給水することによって、グルテンの量が増える。
・効果的にグルテンが生成されるため、こねる時間が短い。
・焼成後の生地の伸びがよくなり、もっちりとした仕上がりになる。

最初からすべての材料を合わせるのではなく、まず粉と水のみをこねて30分ほど休ませた後に、ほかの材料を合わせる製法。cimaiのカンパーニュは、吸水性の低い全粒粉を使っているので、この製法で作っています。

材料 ／ 直径18cm 1個分

強力粉 ───── 95g
準強力粉 ───── 90g
全粒粉 ───── 65g
水 ───── 175g
塩 ───── 5g
天然酵母 ───── 75g

作り方

【1】オートリーズをとる

ボウルに強力粉、準強力粉、全粒粉を入れてゴムベラで混ぜる。

水を加える。

粉っぽさがなくなるようにゴムベラで混ぜる。

BASIC 04 / CAMPAGNE

【2】こねる

まとまったら、ボウルにラップをして、室温(冬は暖かい場所)に30分置く。

30分置くと、粉の芯まで水が浸透し、写真のように弾力が出る。

オートリーズをとった生地に、塩、塩につかないように天然酵母を加え、ゴムベラでよく混ぜる。

ある程度混ざったら、生地にコシが出るように手でこねる。

生地をボウルの側面に伸ばしつける。

伸ばしつける→折りたたむ、を繰り返してよくこねる。生地がまとまるまで5分ほどこねる。

【3】一次発酵

【4】ベンチタイム

ふた付き容器に移してふたをし、暖かい場所に2時間半〜3時間置いて、2倍程度の大きさに膨らむまで発酵させる。

発酵後の生地。生地と台に打ち粉をふる。容器の側面一周にカードを差し込んではがし、生地にあまり触れないように台に出す。丸めて、打ち粉をふったバットに移す。乾燥しないように、暖かい場所で20分休ませる。

バヌトンに、茶こしでたっぷり打ち粉をふる。

【5】成形

生地を丸め直して、表面を張らせる。

生地を底の中心に寄せるようにして、とじ目を下に作るように丸める。

【6】最終発酵

とじ目を上にして、バヌトンに生地を入れる。乾燥しないようにして、暖かい場所で2時間〜2時間半置いて、2倍程度の大きさに膨らむまで発酵させる。

【7】焼成

発酵後の生地。

表面に打ち粉をたっぷりふる。

温めておいた天板にオーブンシートを敷き、バヌトンから生地を移す。
＊カンパーニュシリーズは、オーブンを予熱する際に天板も入れて、温めておく。

クープナイフで周囲に4箇所、浅めに切り込みを入れる。

霧吹きで生地にたっぷり水をかけ、予熱をした230℃のオーブンで25分焼く。

BASIC 04 / CAMPAGNE
_ ARRANGE

PAIN AUX NOIX

パン・オ・ノワ

くるみとアーモンドをぎっしり入れた香ばしいナッツのパン。こねるときに、生地の色が変わるまで、ナッツをしっかり練り込むのがポイントです。

材料／4個分

強力粉 —— 95g
準強力粉 —— 90g
全粒粉 —— 65g
塩 —— 5g
天然酵母 —— 75g
水 —— 175g
くるみ —— 50g
アーモンド —— 50g

準備

・くるみ、アーモンドを160℃のオーブンに入れ、10分おきに混ぜながら20分ローストする。表面が早い段階で色付くようだったら、温度をさげて、ゆっくり火を通す。粗熱を取り、粗く砕く。

作り方

【1】オートリーズ　ボウルに強力粉、準強力粉、全粒粉を入れてゴムベラで混ぜ、水を加えて粉っぽさがなくなるまで混ぜる。ラップをして室温で30分置く。

【2】こねる　塩、塩につかないように天然酵母を加えてゴムベラで混ぜ、生地を伸ばしつける→折りたたむ、を繰り返す。ある程度まとまったら、生地を台に出して手でこねる。くるみとアーモンドを水（分量外）にさっと浸けてざるにあげ、生地に加えて(a)、均等に混ざるようにこねる。

【3】一次発酵　ふた付き容器に移してふたをし、室温（冬は暖かい場所）に2時間半〜3時間置いて、2倍程度の大きさに膨らむまで発酵。

【4】分割・ベンチタイム　生地と台に打ち粉をふり、カードで生地を取り出す。スケッパーで4分割（1切れ約150g）して長方形にまとめる。乾燥しないようにして、室温で20分休ませる。

【5】成形　生地を縦に置いて、手のひらで軽く押さえて、裏返す。手前からくるくる巻き(b、c)、最後は反対側の端をかぶせる(d)。とじ目をとじて(e)、打ち粉をふる(f)。

【6】最終発酵　バットにキャンバス布を敷いて打ち粉をふり、とじ目を上にして、生地を並べる。乾燥しないようにして、暖かい場所で2時間半置き、2倍程度の大きさに膨らむまで発酵させる。

【7】焼成　温めておいた天板にオーブンシートを敷き、打ち粉をふる。とじ目を下にして生地をのせ、斜めに2本クープを入れる。霧吹きで生地に水をかけ、予熱をした230℃のオーブンで15分焼く。

BASIC 04 / CAMPAGNE
_ ARRANGE

PAIN AUX FRUIT

パン・オ・フリュイ

ドライフルーツは、甘みの強いものと酸味のあるものを組み合わせるとおいしい。市販品の「洋酒漬けドライフルーツ」を使ってもOK。

材料／4個分

強力粉 —— 95g
準強力粉 —— 90g
全粒粉 —— 65g
塩 —— 5g
天然酵母 —— 75g
水 —— 175g
好みのドライフルーツ —— 100g
好みの洋酒（ホワイトラムやキルシュなど）—— 適量

準備

・ドライフルーツは前日に水に30分ほど浸けて戻し、水気を切り、一晩好みの洋酒に浸けておく。

作り方

【1】オートリーズ　ボウルに強力粉、準強力粉、全粒粉を入れてゴムベラで混ぜ、水を加えて粉っぽさがなくなるまで混ぜる。ラップをして室温で30分置く。

【2】こねる　塩、塩につかないように天然酵母を加えてゴムベラで混ぜ、生地を伸ばしつける→折りたたむ、を繰り返す。生地を台に出し、手でこねる。ドライフルーツを加えて、均等に混ざるようにこねる。

【3】一次発酵　ふた付き容器に移してふたをし、室温（冬は暖かい場所）に2時間半〜3時間置いて、2倍程度の大きさに膨らむまで発酵。

【4】分割・ベンチタイム　生地と台に打ち粉をふり、カードで生地を取り出す。スケッパーで4分割（1切れ約150g）して楕円に丸める。乾燥しないように室温で20分休ませる。

【5】成型　生地を縦に置き、手で軽く押さえたら(a)生地を裏返す。向こう側から手前半分のところで2つ折りにし(b)、手前から向こう2/3のところで折り(c)、さらに向こう側から2つ折りにする(d)。両手で手前に引き寄せるようにしてクッペ形にして、表面を張らせる(e)。

【6】最終発酵　バットにキャンバス布を敷いて打ち粉をふり、とじ目を上にして、生地を並べる。乾燥しないようにして、暖かい場所で2時間半置き、2倍程度の大きさに膨らむまで発酵させる。

【7】焼成　温めておいた天板にオーブンシートを敷き、生地をのせ、打ち粉をふる。斜めに2本クープを入れて(f)、霧吹きで生地に水をかけ、予熱をした230℃のオーブンで15分焼く。

57

BASIC 04 / CAMPAGNE
_ ARRANGE

CHOCOLATE COMPLET

ショコラコンプレ

チョコを練り込んだ生地に、刻んだチョコがごろごろ入った
濃厚な味わい。全粒粉のラフな風味とチョコがぴったり合います。

材料／5個分

強力粉 —— 95g
準強力粉 —— 90g
全粒粉 —— 65g
塩 —— 5g
天然酵母 —— 75g
ぬるま湯 —— 190g〜
チョコレート —— 150g

準備

・チョコレートは、50gを湯せんにかけて溶かし、残りの100gは大きめに刻む。

作り方

【1】オートリーズ　ボウルに強力粉、準強力粉、全粒粉を入れてゴムベラで混ぜ、溶かしたチョコ、ぬるま湯を加えて粉っぽさがなくなるまで混ぜる。ラップをして30分置く。

【2】こねる　塩、塩につかないように天然酵母を加えてゴムベラで混ぜ、生地を伸ばしつける→折りたたむ、を繰り返す。生地を台に出し、手のひらで軽く押さえたら、刻んだチョコを加えて（b）、3つ折りにする。裏返したら（c）、さらに手前から向こう側に2つ折りにして（d）、均等に混ざるようにまとめる（e）。

【3】一次発酵　ふた付き容器に移してふたをし、室温（冬は暖かい場所）に2〜3時間置いて、2倍程度の大きさに膨らむまで発酵させる。

【4】分割　生地と台に打ち粉をふり、カードで生地を取り出す。スケッパーで5分割（1切れ約140g）する。

【5】成形　表面に出ているチョコを中に入れながら、中央にとじ目を寄せて丸める（f）。

【6】最終発酵　バットにキャンバス布を敷いて打ち粉をふり、とじ目を上にして、生地を並べる。乾燥しないようにして、暖かい場所で2時間半置き、2倍程度の大きさに膨らむまで発酵させる。

【7】焼成　温めておいた天板にオーブンシートを敷き、生地をのせ、打ち粉をふる。木の葉模様にクープを入れて、霧吹きで生地に水をかけ、予熱をした230℃のオーブンで13分焼く。

BASIC 05
イングリッシュマフィン

生地に豆乳を加えて焼きあげたマフィンは、
はちみつも入って、やさしい甘みの
ふんわり、しっとりとした食感です。
表面をカリッと焼いて、
たっぷりのバターをのせて食べるのがおすすめ。

ARRANGE
食パン_P.64
スイートポテトパン_P.66
シュトロイゼルクーヘン_P.68

材料 ／ 直径9cmのセルクル型6個分

強力粉 —— 250g
塩 —— 4g
天然酵母 —— 70g
A ｜ 豆乳 —— 20g
　｜ サラダ菜種油 —— 20g
　｜ はちみつ —— 15g
　｜ 水 —— 125g

作り方

【1】こねる

ボウルに、強力粉、塩、塩につかないように天然酵母を入れる。

別のボウルにAを入れて、ホイッパーで乳化するまでよく混ぜ合わせる。

粉に乳化させたAを加える。

ゴムベラで粉とAを合わせるようにして混ぜる。

ある程度まとまったら、手でこねる。

生地がひとかたまりになったら、打ち粉をふった台の上に出して、台にこすりつけるように伸ばす→まとめる、を繰り返してこねる。

BASIC 05 / ENGLISH MUFFIN

【2】一次発酵

表面がなめらかになり、つやが出るまで5〜8分ほどよくこねる。こねあがった生地。

ふた付き容器に移してふたをし、室温（冬は暖かい場所）に2時間半〜3時間置いて、2倍程度の大きさに膨らむまで発酵させる。

発酵後の生地。生地と台に打ち粉をふり、容器の側面一周にカードを差し込んではがす。生地にあまり触れないように、カードで台に取り出す。

【3】分割

1切れが約85gになるように、スケッパーで生地を6分割する。
＊分割のときに切り刻んでしまったら、軽く丸めて、乾燥しないようにして、10分ほど生地を休ませると良い。

【4】成形

生地のとじ目を底の中心に作るように、生地を転がす。

丸める。

とじ目が中央に集まった状態。

【5】最終発酵

型の内側にサラダ油（分量外）を塗る。天板にオーブンシートを敷き、型を置き、茶こしで型の中央に打ち粉をふる。

とじ目を下にして、生地を型の中央に置く。乾燥しないようにして、暖かい場所で2時間〜2時間半置いて、2倍程度の大きさに膨らむまで発酵。

【6】焼成

発酵後の生地に、茶こしで上からも打ち粉をふる。

生地が上に膨らまないよう、別の天板を上にのせてふたをする。予熱をした220℃のオーブンで15分焼く。

成形を変えてベーグルに

成形を変えて、天然酵母で作るベーグル(6個分)。
イーストのベーグル(P.36)と同じく、もっちりとしていて、かみ応え十分です。
成形とゆで方に関してはイーストのベーグルと一緒。
P.38～詳しく展開をしているので、そちらも参考にしてみてください。

【1】 イングリッシュマフィンの【1】、【2】、【3】(P.61)までは同様に作り、生地を横長に置き、真ん中を起点に、めん棒で長方形に伸ばす。3つ折りにし、さらに片方が太めになるよう2つ折りにする。太くした方の端を手で押して平らにする。細い端から巻きはじめ、平らにした端を巻きはじめにかぶせてリング状にする。かぶせた部分はつまんでしっかりとめる。

【2】 バットにキャンバス布を敷き、生地を並べる。乾燥しないようにして、暖かい場所で1時間～1時間半、表面が少しふわっとするまで発酵させる。

【3】 フライパンに熱湯をたっぷり沸かし(分量外)、砂糖大さじ2(分量外)を入れる。ベーグルを入れて、片面1分、裏返してもう片面を30秒、中火でゆでる。

【4】 湯を切り、オーブンシートを敷いた天板に生地を移し、予熱をした220℃のオーブンで15分焼く。

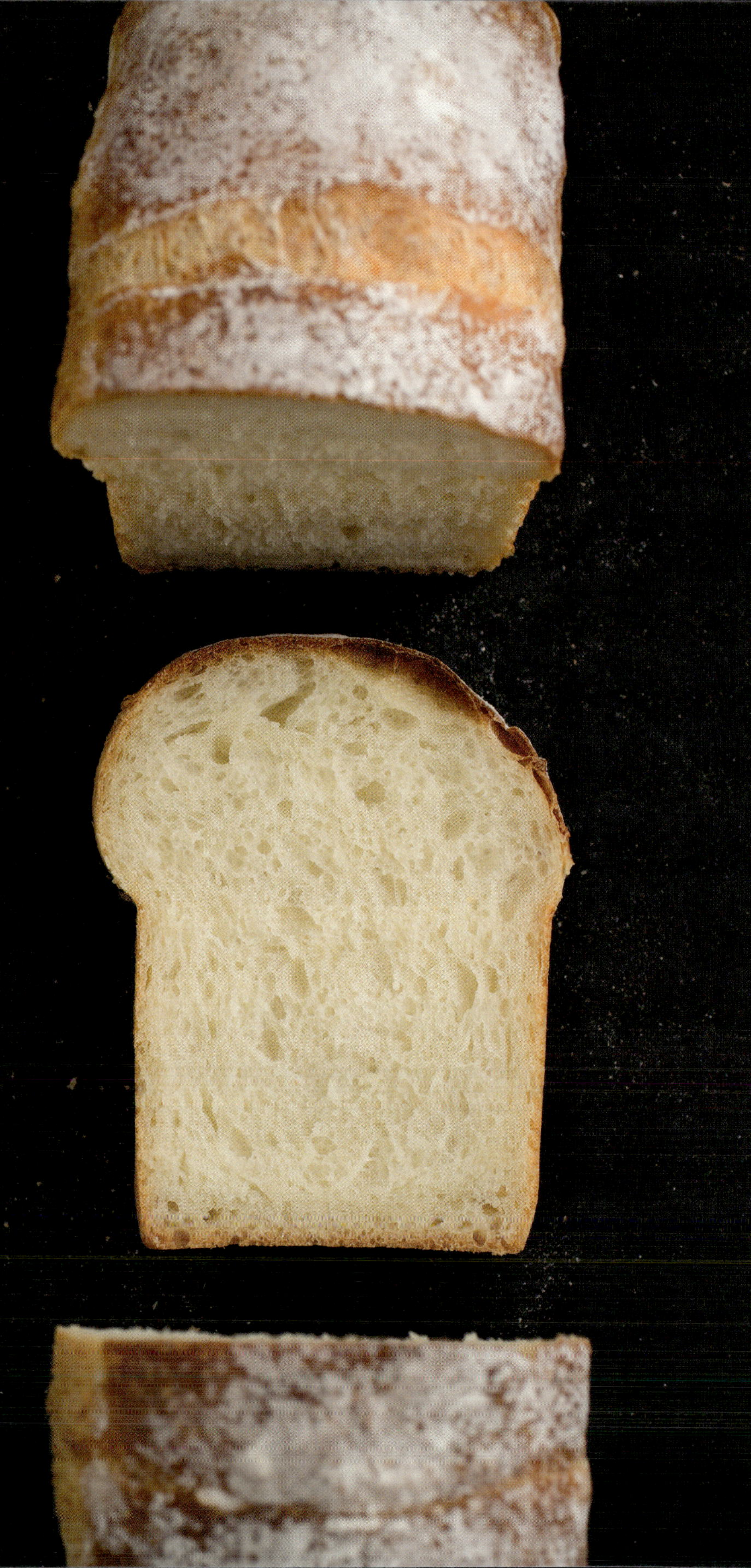

PLAIN BREAD

食パン

豆乳のやさしい香りが広がる、プレーンな食パン。
パウンド型を使い、山型食パンに焼きあげました。

材料 ／ 長さ23cmのパウンド型1斤分

強力粉 —— 250g
塩 —— 4g
天然酵母 —— 70g
A｜豆乳 —— 20g
　｜サラダなたね油 —— 20g
　｜はちみつ —— 15g
　｜水 —— 125g

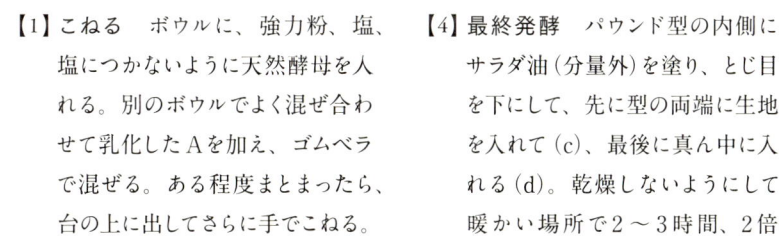

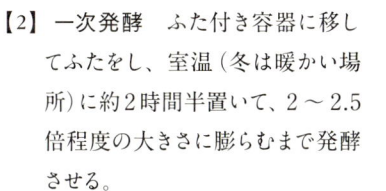

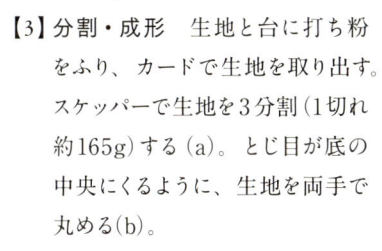

作り方

【1】こねる　ボウルに、強力粉、塩、塩につかないように天然酵母を入れる。別のボウルでよく混ぜ合わせて乳化したAを加え、ゴムベラで混ぜる。ある程度まとまったら、台の上に出してさらに手でこねる。

【2】一次発酵　ふた付き容器に移してふたをし、室温（冬は暖かい場所）に約2時間半置いて、2〜2.5倍程度の大きさに膨らむまで発酵させる。

【3】分割・成形　生地と台に打ち粉をふり、カードで生地を取り出す。スケッパーで生地を3分割（1切れ約165g）する（a）。とじ目が底の中央にくるように、生地を両手で丸める（b）。

【4】最終発酵　パウンド型の内側にサラダ油（分量外）を塗り、とじ目を下にして、先に型の両端に生地を入れて（c）、最後に真ん中に入れる（d）。乾燥しないようにして、暖かい場所で2〜3時間、2倍程度の大きさに膨らむまで発酵させる（e）。

【5】焼成　生地の表面に打ち粉をふり、霧吹きで水をかける。温めておいた天板に移し、予熱をした210℃のオーブンで25分焼く。

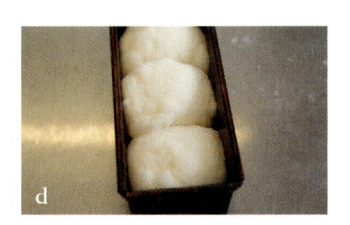

BASIC 05 / ENGLISH MUFFIN
_ ARRANGE

SWEET POTATO BREAD

スイートポテトパン

じっくり蒸し焼きにして甘さを引き出したサツマイモをマッシュにして生地に練り込み、具にもたくさん入れました。

材料／5個分

強力粉 —— 250g
塩 —— 4g
天然酵母 —— 70g
サツマイモ —— 1本（約250g）
黒ごま —— 適量

A｜豆乳 —— 20g
　　サラダ菜種油 —— 20g
　　はちみつ —— 15g
　　水 —— 60〜100g*

*サツマイモの水分量に合わせて調整。

作り方

【1】**サツマイモの処理**　洗ったサツマイモをアルミホイルで包み、水を張った天板に置いて、160℃のオーブンで40分蒸し焼き。竹串がすっと刺さったら取り出し、粗熱を取る。150gは皮をむいてつぶす。残りは皮のまま1.5cm角に切る。

【2】**こねる**　ボウルに、強力粉、塩、塩につかないように天然酵母、つぶしたサツマイモを入れる。別のボウルでよく混ぜ合わせて乳化したAを加え、ゴムベラで混ぜる。まとまったら、台の上に出してさらに手でこねる。生地を20cmの正方形になるようにめん棒で伸ばし*、1.5cm角のサツマイモを4列に並べ(a)、手前からくるくると巻く(b)。
*伸びにくい場合は、乾燥しないようにして生地を10分休ませると良い。

【3】**一次発酵**　ふた付き容器に移してふたをし、室温に2時間半〜3時間置いて、2倍程度の大きさに膨らむまで発酵させる。

【4】**分割・ベンチタイム**　生地と台に打ち粉をふり、カードを使って台に取り出す。スケッパーで生地を5分割（1切れ約135〜145g）し、軽く丸める。バットの上に生地を並べ、乾燥しないようにして、暖かい場所で20分休ませる。

【5】**成形**　生地を手で軽く押さえて、3つ折りにする(c、d)。表面に出ているサツマイモを中に入れながら2つ折りにして、とじ目をとじる(e)。バットに黒ごまを広げて、生地の表面全体にまぶす(f)。

【6】**最終発酵**　別のバットにキャンバス布を敷いて打ち粉をふり、とじ目を下にして、生地を並べる。乾燥しないようにして、暖かい場所で2時間置き、2倍程度の大きさに膨らむまで発酵させる。

【7】**焼成**　温めておいた天板にオーブンシートを敷き、生地を置く。斜めに2本クープを入れ、霧吹きで生地に水をかける。予熱をした220℃のオーブンで15分焼く。

BASIC 05 / ENGLISH MUFFIN
_ ARRANGE

STREUSELKUCHEN

シュトロイゼルクーヘン

ドイツの伝統的なお菓子、シュトロイゼルクーヘン。並べるフルーツはりんごのほかに、洋ナシ、いちじく、プラム、チェリーなどもおすすめです。

材料 ／ 18cmのスクエア型2台分

強力粉 —— 250g
塩 —— 4g
天然酵母 —— 70g
A ｜ 豆乳 —— 20g
　｜ サラダ菜種油 —— 20g
　｜ はちみつ —— 15g
　｜ 水 —— 60g
りんご —— 1個

＜シュトロイゼル＞
薄力粉 —— 65g
きび砂糖 —— 20g
なたねサラダ油 —— 20g

＜アーモンドクリーム＞
B ｜ アーモンドパウダー —— 45g
　｜ 薄力粉 —— 25g
　｜ きび砂糖 —— 50g
　｜ ベーキングパウダー —— 5g
　｜ 塩 —— 5g
なたねサラダ油 —— 30g
ラム酒 —— 5g　水 —— 30g

準備
・Bをまとめてふるう。
・型にオーブンシートをセットする。

作り方

【1】**シュトロイゼル作り**　ボウルに薄力粉、きび砂糖を加えて手で混ぜ、なたねサラダ油をまわし入れる。指先ですり合わせて、そぼろ状にする(a)。ビニール袋に入れて、冷凍庫で保存。

【2】**アーモンドクリーム作り**　ボウルに水、なたねサラダ油を入れて、ホイッパーで乳化するまで混ぜる。Bを加えて混ぜ、ラム酒を加える(b)。

【3】**こねる**　ボウルに、強力粉、塩、天然酵母を入れる。別のボウルでよく混ぜたAを加え、ゴムベラで混ぜる。台に出してさらに手でこねる。

【4】**一次発酵**　ふた付き容器に移してふたをし、暖かい場所に2時間半〜3時間置いて発酵させる。

【5】**分割・ベンチタイム**　生地と台に打ち粉をふり、生地を取り出し、スケッパーで2分割(1切れ約220g)する。正方形を意識して軽くまとめ、バットの上に並べ、乾燥しないように室温で10分休ませる。

【6】**成形・最終発酵**　型に合わせたオーブンシート上で、めん棒で型のサイズに生地を伸ばし、シートごと型に入れる(c)。乾燥しないようにして、暖かい場所で2時間、2倍程度の大きさに膨らむまで発酵。

【7】**仕上げ・焼成**　りんごは芯を取り、3mmの薄切りに。アーモンドクリームを絞り袋に入れて、斜めに隙間なく絞る(d)。りんごを並べ(e)、さらにクリームを絞り、シュトロイゼルを好みの量散らす(f)。予熱をした200℃のオーブンで25分焼く。

BASIC 06

フォカッチャ

もちもちとした食感にオリーブオイルが香る
フォカッチャは、仕あげの塩がアクセント。
大きなスクエア型で焼いて、
好きなサイズにカットして召しあがれ。

ARRANGE

ポテトフォカッチャ _ P.74
トマトフォカッチャ _ P.76
高きびミートピザ P.78
豆乳ベシャメルピザ _ P.80

材料 ／ 18cmのスクエア型1台分

強力粉 ── 250g
きび砂糖 ── 4g
塩 ── 5g
天然酵母 ── 75g
オリーブオイル ── 40g
水 ── 150g

準備

・型にオーブンシートをセットする。

作り方

【1】こねる

ボウルに、強力粉、きび砂糖、塩、塩につかないように天然酵母を入れる。

オリーブオイルと水を加え、ゴムベラで混ぜる。

粉と水を合わせるようにまとめる。

途中から手に替えてこねる。

ボウルの側面に伸ばしつける→折りたたむ、を繰り返す。表面がなめらかになるまで10分ほど、しっかりとこねる。

こねあがった生地。

BASIC 06 / FOCACCIA

【2】一次発酵

生地をふた付き容器に移してふたをし、暖かい場所に2時間半〜3時間置いて、2倍程度の大きさに膨らむまで発酵させる。

発酵後の生地。

【3】ベンチタイム

生地と台に打ち粉をふり、容器の側面一周にカードを差し込んではがす。生地にあまり触れないように、カードで台に取り出す。生地を横長に置いて、生地の端を持ちあげて1/3折る。

反対側の端を持ちあげて、1/3折り、横に3つ折りにする。

そのまま手前から向こう側に1/3折る。

向こう側から手前に1/3折り、縦に3つ折りにする。

スケッパーで生地を裏返す。打ち粉をふったバットに生地を移し、乾燥しないようにして、室温で10分休ませる。

【4】成形

型に合わせたオーブンシートの上で、型のサイズにめん棒で生地を伸ばす。

オーブンシートごと型に移し、型の角まで手で伸ばす。

【5】最終発酵

乾燥しないようにして、暖かい場所で2時間〜2時間半置いて、2倍程度の大きさに膨らむまで発酵させる。

発酵後の生地。

【6】仕上げ

生地の表面に、はけでオリーブオイル（分量外）を塗る。

多めの塩（分量外）をふり、指で生地の表面に穴をあける。

【7】焼成

温めておいた天板に移し、予熱をした210℃のオーブンで20分焼く。

BASIC 06 / FOCACCIA
_ ARRANGE

POTATO FOCACCIA

ポテトフォカッチャ

ジャガイモは、男爵などのホクホクとした品種を使うのがおすすめ。
ジャガイモの水分は品種によって異なるので、水の量を加減してください。

材料／1個分

強力粉 —— 250g

きび砂糖 —— 4g

塩 —— 5g

天然酵母 —— 75g

オリーブオイル —— 40g

水 —— 100g〜

ジャガイモ —— 中1個（100g）

ローズマリー —— 適量

準備

・ジャガイモはゆでて皮をむき、つぶす。

作り方

【1】こねる　ボウルに強力粉、きび砂糖、塩、塩につかないように天然酵母、つぶしたジャガイモを入れて(a)、オリーブオイルと水を加える。ゴムベラで混ぜ、ある程度まとまったら、手で10分ほどこねる。

【2】一次発酵　ふた付き容器に移してふたをし、室温に2時間半〜3時間置いて、2倍程度の大きさに膨らむまで発酵させる。

【3】成形　生地と台に打ち粉をふり、カードで生地を取り出す。手のひらで生地を軽く押さえて、手前から向こう側へ2つ折りにして(b)、手前に寄せながら丸める(c)。90度まわして、同じように手前に寄せながら丸めて、生地の表面を張らせる(d)。

【4】最終発酵　天板の上に移し、手のひらで生地を軽く押さえる(e)。乾燥しないようにして、暖かい場所で2時間〜2時間半、2倍程度の大きさに膨らむまで発酵させる。

【5】仕上げ・焼成　表面にはけでオリーブオイル（分量外）を塗り、ローズマリー、多めの塩（分量外）をふり、指で穴をあける(f)。予熱をした220℃のオーブンで18分焼く。

BASIC 06 / FOCACCIA
_ ARRANGE

TOMATO FOCACCIA

トマトフォカッチャ

セミドライトマトを手作りすると、香りの豊かさ、味の濃さが格段に良くなります。もちろん手軽に市販品を使ってもOK。

材料／4個分

強力粉 —— 250g
きび砂糖 —— 4g
塩 —— 5g
天然酵母 —— 75g
オリーブオイル —— 40g
水 —— 75g
ミニトマト* —— 200g
*市販のセミドライトマト(85g)でも良い。

作り方

【1】セミドライトマト作り　ミニトマトはへたを取って半分に切り、天板の上に等間隔に並べて、塩(分量外)をふる。120℃のオーブンで1時間半〜2時間かけて、表面が乾いてしわが寄るまでじっくり焼く(a)。市販のものを使う際は、ぬるま湯(分量外)で戻して、オリーブオイルに浸けておくと良い。

【2】こねる　ボウルに強力粉、きび砂糖、塩、塩につかないように天然酵母、セミドライトマトを入れて、オリーブオイルと水を加える。ゴムベラで混ぜ、ある程度まとまったら、手に替えて10分ほどこねる。

【3】一次発酵　ふた付き容器に移してふたをし、室温に2時間半〜3時間置いて、2倍程度の大きさに膨らむまで発酵させる。

【4】分割・ベンチタイム　生地と台に打ち粉をふり、カードで生地を取り出す。スケッパーで生地を4分割(1切れ約160g)する。生地を2つ折りして(b)、表面を張らせるように細長く丸める(c)。バットに並べて、乾燥しないようにして、室温で10分休ませる。

【5】成形　生地を縦に置き、手で軽く押さえて(d)、カードで生地を裏返す。手前からくるくる丸めて(e)、とじ目をしっかりとじる。

【6】最終発酵　天板にとじ目を下にして並べ(f)、乾燥しないようにして、暖かい場所で2時間〜2時間半、2倍程度の大きさに膨らむまで発酵させる。

【7】仕上げ・焼成　生地の表面に、はけでオリーブオイル(分量外)を塗り、指で穴をあける。予熱をした220℃のオーブンで18分焼く。

BASIC 06 / FOCACCIA
_ ARRANGE

LOTUS ROOT PIZZA

高きびミートピザ

フォカッチャ生地を薄く伸ばして、高きびとたっぷりの野菜の入った
ヘルシーなトマトソースをのせたピザ。れんこんの食感がアクセントに。

材料／直径30cm 1台分

強力粉 —— 250g
きび砂糖 —— 4g
塩 —— 5g
天然酵母 —— 75g
オリーブオイル —— 40g
水 —— 150g
高きびミートソース(P.44) —— 120g
れんこん(薄切り)＊ —— 適量
＊好みの季節の野菜で良い。

作り方

【1】こねる　ボウルに強力粉、きび砂糖、塩、塩につかないように天然酵母を入れて、オリーブオイルと水を加える。ゴムベラで混ぜ、ある程度まとまったら、手に替えて10分ほどこねる。

【2】一次発酵　ふた付き容器に移してふたをし、室温に2時間半〜3時間置いて、2倍程度の大きさに膨らむまで発酵させる。

【3】ベンチタイム　生地と台に打ち粉をふり、カードで生地を取り出す。生地を軽く丸めて、打ち粉をふったバットの上に移し、乾燥しないようにして、室温で15分休ませる。

【4】成形　台に移し、打ち粉をふっためん棒で全体の厚さが均一になるよう、直径30cmを目安に丸く伸ばす(a)。めん棒に巻き付け(b)、打ち粉をふった天板にのせる。高きびミートソースを塗り(c)、オリーブオイル(分量外)にからめたれんこんをその上に並べて、塩少々(分量外)をふる(d)。

【5】焼成　予熱をした250℃のオーブンで15分焼く。

BASIC 06 / FOCACCIA
_ ARRANGE

VEGAN PIZZA
WITH BECHAMEL SAUCE

豆乳ベシャメルピザ

なめらかな豆乳ベシャメルソースが、フォカッチャ生地と好相性。
ごぼうの旨み、玉ねぎの甘み、ルッコラの香ばしさが効いています。

材料／直径30cm1台分

強力粉 —— 250g
きび砂糖 —— 4g
塩 —— 5g
天然酵母 —— 75g
オリーブオイル —— 20g
水 —— 150g
ごぼう(斜め薄切り) —— 1本
玉ねぎ(薄切り) —— 1/2個
ルッコラ —— 適量

＜豆乳ベシャメルソース＞
(作りやすい分量)
豆乳 —— 100ml
薄力粉 —— 10g
塩 —— 1g
オリーブオイル —— 10g

作り方

【1】豆乳ベシャメルソース作り　小さめの鍋に、薄力粉、塩、オリーブオイルを入れてゴムベラで混ぜる。火にかけて、鍋の中がふつふつしてきたらよく混ぜて、豆乳を少量ずつ加えてその都度しっかり混ぜる。鍋の中央がふつふつするまでしっかり火を入れたら、バットに移してさます。

【2】こねる　ボウルに強力粉、きび砂糖、塩、塩につかないように天然酵母を入れて、オリーブオイルと水を加える。ゴムベラで混ぜ、ある程度まとまったら、手に替えて10分ほどこねる。

【3】一次発酵　ふた付き容器に移してふたをし、室温に2時間半〜3時間置いて、2倍程度の大きさに膨らむまで発酵させる。

【4】ベンチタイム　生地と台に打ち粉をふり、カードで生地を取り出す。生地を軽く丸めて、打ち粉をふったバットの上に移し、乾燥しないようにして、室温で15分休ませる。

【5】成形　台に移し、打ち粉をふっためん棒で全体の厚さが均一になるよう、直径30cmを目安に丸く伸ばす。めん棒に巻き付け、打ち粉をふった天板にのせる。豆乳ベシャメルソースを好みの量塗る(a)。オリーブオイル(分量外)をからめたごぼうと玉ねぎをその上に並べて(b)、塩少々(分量外)をふる(c)。

【6】焼成　予熱をした250℃のオーブンで15分焼く。仕上げにルッコラをのせる。

時間がたったパンの おいしい食べ方

イーストのパンも天然酵母のパンも、時間がたつと堅くなり、乾燥してしまいます。
そこで、時間がたってしまったパンをおいしく食べるためのひと手間をご紹介します。

冷凍保存で、おいしさキープ

食べきれないのなら、早めの冷凍保存をおすすめします。好みの厚さにカットして、乾燥しないように1枚ずつラップでしっかり包みます。あとはフリージングバッグに入れて冷凍庫へ。ただ、冷凍をした後も、時間がたつとパンのおいしさが失われてしまいます。冷蔵庫のにおいが移ることもあるので、早めに食べることをおすすめします。

霧吹きで、もっちりとした仕上がりに

時間がたったパンは乾燥しているので、焼く前に霧吹きでパンに水分を与えると、もっちりとした食感のおいしい焼きあがりになります。そのとき、ハードブレッドやカンパーニュなどのハード系のパンはたっぷりと多めに、ソフトブレッド、ベーグル、イングリッシュマフィン、フォカッチャなどのソフト系のパンは、少なめにかけると良いです。

網で焼くと、おいしい！

直接コンロに置くパン専用の網で焼くと、おいしくトーストできます。ちなみにcimaiのおすすめのパンの食べ方は、厚めに切った食パンの表面に、包丁で格子状に切り目を入れて、まず表面を下にして焼き網にのせます。良い色になって裏面に返すときに、たっぷりのバターを表面にのっけます。裏面が焼きあがる頃には、表面のバターがじゅわじゅわとパンにしみて、至福美味トーストのできあがり。

CHAPTER

03

焼き菓子と
サイドメニュー

CAKE & SIDE MENU

BANANA POUND CAKE

バナナ酵母ケーキ

パン作りで余ってしまった天然酵母を使って作る酵母ケーキ。
材料を合わせて焼くだけなので、とっても簡単。パンとは違う食感を楽しんで。

材料 ／ 長さ23cmのパウンド型1本分

薄力粉 —— 190g
きび砂糖 —— 35g
塩 —— 2g
アーモンドプードル —— 25g
豆乳 —— 20g
天然酵母 —— 70g
太白ごま油 —— 60g

＜キャラメリゼバナナ＞
バナナ(熟したもの)
　—— 中2本(200g)
きび砂糖 —— 30g
水 —— 50g
ラム酒 —— 5g

作り方

【1】バナナのキャラメリゼを作る

鍋にきび砂糖、水を入れて中火にかけ、ゴムベラで混ぜる。茶色く、とろっとしたら火を止める。

バナナは一口大に切って鍋に入れて、ソースにからめる。ラム酒を加え、ゴムベラでバナナを軽くつぶす。

【2】生地作り

ボウルに豆乳、天然酵母を入れて、ホイッパーでしっかり混ぜる。

太白ごま油を3〜4回に分けてまわし入れる。

その都度ホイッパーで混ぜる。

CAKE & SIDE MENU

キャラメリゼしたバナナを加える。

ホイッパーで混ぜ合わせる。

【3】粉を加える

別のボウルに薄力粉、きび砂糖、塩、アーモンドプードルを入れてゴムベラで軽く混ぜて、【2】に加える。

ゴムベラでざっくりと粉っぽさがなくなるまで混ぜる。

混ざった状態。

【4】発酵

型の内側にサラダ油（分量外）を塗り、生地をパウンド型に流し入れて、ゴムベラで表面をならす。乾燥しないようにして、暖かい場所で3～4時間、1.5倍程度の大きさに膨らむまで発酵。

【5】焼成

予熱をした220℃のオーブンで35分焼く。

CHOCOLATE POUND CAKE

チョコ酵母ケーキ

ごろごろとチョコが入り、ボリュームのある酵母ケーキ。甘さ控えめに仕上げました。

材料 ／ 長さ23cmのパウンド型1本分

薄力粉 —— 190g
きび砂糖 —— 30g
塩 —— 2g
アーモンドプードル —— 30g
豆乳 —— 110g
天然酵母 —— 70g
太白ごま油 —— 60g
チョコレート —— 80g

準備

・チョコレートは、半量は湯せんで溶かし、もう半量は2cm角に刻む。

作り方

【1】生地作り　ボウルに豆乳、天然酵母を入れて、ホイッパーでしっかり混ぜ合わせる。太白ごま油を3〜4回に分けてまわし入れ、その都度よく混ぜる。溶かしたチョコを加えてよく混ぜる。

【2】別のボウルに薄力粉、きび砂糖、塩、アーモンドプードルを入れてゴムベラで混ぜ、【1】に加えて、粉っぽさがなくなるまでよく混ぜる。さらに刻んだチョコを加えて混ぜる。パウンド型の内側にサラダ油（分量外）を塗り、生地を流し入れ、ゴムベラで表面をならす。

【3】発酵　乾燥しないようにして、暖かい場所で4〜5時間、1.5倍程度の大きさに膨らむまで発酵させる。

【4】焼成　予熱をした220℃のオーブンで35分焼く。

CAKE & SIDE MENU

PLAIN SCONE

酵母スコーン

余った天然酵母で作る、何層にも生地が重なった、さくさく食感のスコーン。全粒粉の香ばしさが際立った、シンプルなおいしさです。

材料 ／ 直径5cmの丸型 6個分

薄力粉 ──── 160g
全粒粉 ──── 40g
洗双糖 ──── 20g
塩 ──── 1g
太白ごま油 ──── 60g
天然酵母 ──── 40g
豆乳 ──── 30g

作り方

【1】**生地作り** ボウルに薄力粉、全粒粉、洗双糖、塩を入れて、手で混ぜる。太白ごま油をまわし入れて、指先ですり合わせて混ぜ、少し粉っぽさが残るくらいのそぼろ状にする。

【2】天然酵母と豆乳を加えて(a)、全体になじむように手で混ぜる。大きめのそぼろ状になるので、練らないように、ちぎりながら混ぜる(b)。粉全体になじんだら、軽く生地をまとめる(c)。

【3】**一次発酵** そのままボウルにラップをして、室温に2時間〜2時間半置いて、1.5倍程度の大きさに膨らむまで発酵させる。

【4】**成形** 打ち粉をふった台に生地を取り出し、厚さが3cmの四角になるようめん棒で伸ばし、3つ折りにする。裏返して長方形に伸ばし(d)、さらに縦に2つ折りにする(e)。生地を型で抜く。余った生地は、層を保つように生地同士を重ね、軽くなじませてから抜く。

【5】**最終発酵** 天板の上に並べ、乾燥しないようにして、暖かい場所で2時間〜2時間半、1.5倍程度の大きさに膨らむまで発酵させる。

【6】**焼成** はけで表面に豆乳(分量外)を塗り(f)、予熱をした220℃のオーブンで20分焼く。

CAKE & SIDE MENU

SPICE COOKIES

スパイスクッキー

思い立ったらすぐに作れる、ほのかにスパイスが香る素朴なクッキー。
コーヒーや紅茶のほかに、ほうじ茶にもよく合います。

材料 ／ 直径5cmの丸型15〜17枚分

薄力粉 —— 90g
ライ麦粉 —— 10g
きび砂糖 —— 20g
シナモン、ナツメグ、カルダモン（すべてパウダー）
　　—— 各少々
塩 —— 0.5g
太白ごま油 —— 15g
豆乳 —— 30g

作り方

【1】生地作り　ボウルに薄力粉、ライ麦粉、きび砂糖、シナモン、ナツメグ、カルダモン、塩を入れ、カードで混ぜる。太白ごま油をまわし入れて、粉と油がなじむように混ぜ合わせる。豆乳を加えて(a)、カードで混ぜ(b)、ある程度まとまったら手で混ぜながら(c)、生地をまとめる(d)。

【2】型抜き　台に生地を移し、厚さ8mmにめん棒で伸ばし、型で抜く(e)。余った生地は、層を保つように重ね(f)、軽くなじませてから型で抜く。

【3】焼成　予熱をした170℃のオーブンで35分焼く。

CAKE & SIDE MENU

WHITE SOYBEAN PASTE
AND SAKE LEES BISCUITS

白みそ酒粕ビスケット

みそと酒粕、ごまの香りが口の中いっぱいに広がる、和テイストの
ビスケット。塩が効いているので、ワインのおつまみにもぴったりです。

材料／直径5cmの丸型15〜17枚分

薄力粉 —— 100g
白すりごま —— 15g
塩 —— 2g
太白ごま油 —— 15g
白みそ —— 20g
酒粕 —— 20g
水 —— 25g

作り方

【1】生地作り　ボウルに薄力粉、白すりごま、塩を入れ、カードで混ぜる。太白ごま油をまわし入れて、粉と油がなじむようにカードで混ぜ合わせる。

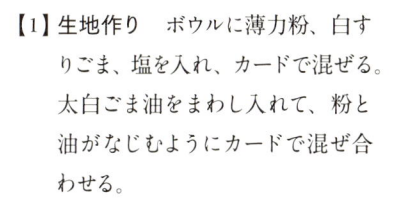

【2】別のボウルに白みそ、酒粕、水を入れて、ゴムベラで混ぜる(a)。これを【1】に加えてカードで混ぜ(b)、ある程度まとまったら手で混ぜながら(c)生地をまとめる(d)。

【3】型抜き　台に生地を移し、厚さ8mmにめん棒で薄く伸ばし、型で抜く。余った生地は層を保つように重ね、軽くなじませてから型で抜く。塩少量（分量外）をふる。

【3】焼成　予熱をした160℃のオーブンで35分焼く。焦げやすいので様子を見ながら焼きあげる。

CAKE & SIDE MENU

ONION SOUP WITH CHEESE BAGUETTE
オニオンチーズスープ

じっくり炒めた玉ねぎのスープは、滋味深い味わい。チーズバゲットと一緒に。

材料／4人分

ハードブレッド(P.18) ——— 2本
くず野菜（玉ねぎの皮、にんじんの皮、セロリの葉など）——— 適量
玉ねぎ（粗みじん切り）——— 2個
塩、こしょう ——— 適量
溶けるチーズ ——— 適量
パセリ ——— 適量

作り方

【1】鍋にくず野菜を入れ、かぶるくらいの水（1L目安・分量外）を入れて弱火で30分煮込む(a)。こして、野菜だしを取る。
※冷凍庫で1か月保存可能

【2】厚手の鍋で、玉ねぎがあめ色になるまで、弱火で2〜3時間じっくり炒める。

【3】【2】に野菜だし600gを加え、塩、こしょうで味をととのえる。

【4】ハードブレッドを縦半分に切り、チーズをのせてオーブンで焼く。

【5】器にスープをよそい、【4】をのせて、刻んだパセリを散らす。

BLT SANDWICH
BLTサンド

ベーコン×レタス×トマトのベーシックな組み合わせが光る王道サンド。レタスをパリッとさせるのが、おいしい食感に仕上げるコツです。

材料／1人分

- ソフトブレッド(P.30・1cmスライス) —— 2枚
- ベーコン —— 1枚
- レタス —— 1/2枚
- ミニトマト —— 2個
- マヨネーズ —— 適量
- マスタード —— 適量
- 黒こしょう、塩 —— 各適量

作り方

【1】ベーコンはフライパンでカリカリになるまで両面を焼き、黒こしょうをふる。

【2】レタスは水に放してパリッとさせ、ペーパータオルで水気を押さえ、半分に切る。ミニトマトは食べやすい大きさに切り、黒こしょう、塩をふる。

【3】パンにマヨネーズ、マスタードを塗る。パン→ベーコン→レタス→ミニトマト→パンの順に重ねる。食べやすいように、上から軽く押さえて、半分に切っても良い。

CAKE & SIDE MENU

HOT SANDWICH WITH BECHAMEL SAUCE
きのこクリームのホットサンド

旨みが凝縮したきのこソースを贅沢にサンド。

材料／1人分

- カンパーニュ（P.50）——— 2枚
- 好みのきのこ（しめじ、舞茸、マッシュルームなど）——— 200g
- オリーブオイル ——— 大さじ1
- ニンニク（みじん切り）——— 1/2片
- 玉ねぎ（薄切り）——— 1/8個
- 塩、こしょう ——— 適量
- 豆乳ベシャメルソース（P.80）——— 150g
- ほうれん草 ——— 適量
- カマンベールチーズ ——— 1/4個

作り方

【1】きのこは石づきや根元を除き、食べやすい大きさにする。フライパンにオリーブオイル、ニンニクを入れて炒め、香りが立ったら、玉ねぎ、きのこの順に入れて炒める。しんなりしてきたら塩、こしょうで味をととのえる。火を止めて粗熱を取り、フードプロセッサーでペースト状にする。

【2】豆乳ベシャメルソースと【1】を混ぜて、きのこ豆乳ベシャメルソースのできあがり(a)。

【3】パンに【2】を塗り、パン→ほうれん草→薄く切ったカマンベールチーズ→ほうれん草→パンの順に重ねる。アルミホイルで包み、230℃のオーブンで10分ほど焼く。

＊余ったソースを、グラタンにするのもおすすめ。ソースは冷蔵庫で1週間保存可能。

FRUIT SANDWICH
季節のフルーツサンド

フルーツ、バター、はちみつの組み合わせは、シンプルにおいしい。

材料／1人分

ライ麦フルーツベーグル(P.43)
　——— 1個
巨峰、マスカット* ——— 各2個
有塩バター ——— 適量
はちみつ ——— 適量
＊お好みの季節のフルーツで作ってみてください。

作り方

【1】パンに、薄く切った冷えた有塩バター、その上に食べやすく切った巨峰、マスカットをのせる。
【2】はちみつをたっぷりかける。

CAKE & SIDE MENU

AJILLO WITH MUSHROOMS
きのこのアヒージョ

オリーブオイルは、たっぷりと入れた方が断然おいしい。パスタに絡めるのもおすすめです。

材料／2人分

- カンパーニュ（P.50） —— 1枚
- しいたけ —— 3個
- しめじ —— 50g
- 長ねぎ —— 1/2本
- セロリ —— 1/3本
- オリーブオイル —— 適量
- ニンニク（みじん切り） —— 1片
- 赤唐辛子 —— 1本
- 塩、こしょう —— 各適量
- レモン —— 1/4個

作り方

【1】しいたけは石づきを取って、食べやすい大きさに切る。しめじは根元を切って小房に分ける。長ねぎ、セロリはサイズを合わせて短冊切りにする。

【2】小さめの鍋にオリーブオイルをたっぷり入れて、ニンニク、赤唐辛子を入れて火にかけ、香りが立ったら、【1】を入れて、しんなりするまでオリーブオイルで煮て、塩、こしょうで味をととのえる。

【3】器に盛って、カンパーニュを添える。食べる際にレモンを搾る。

TARO SOUP
里芋のポタージュ

里芋と玉ねぎだけで作るのに、奥深い味わいのポタージュ。じんわりと体が温まります。

材料／4人分

里芋 —— 6個
玉ねぎ(薄切り) —— 大1個
オリーブオイル —— 大さじ1
豆乳 —— 400ml
塩、こしょう —— 各適量

作り方

【1】里芋は皮をむいて薄く切る。
【2】鍋にオリーブオイルを入れて火にかけ、玉ねぎを入れて炒める。玉ねぎがしんなりとしたら、里芋を加えて軽く炒め、野菜がかぶるくらいの水(分量外)を入れ、火が通るまで中火で煮る。
【3】ミキサーでなめらかになるまで撹拌する。
【4】再び鍋に戻し、豆乳を加えてのばし、塩、こしょうで味をととのえる。器に盛りオリーブオイル、豆乳(ともに分量外)をかける。

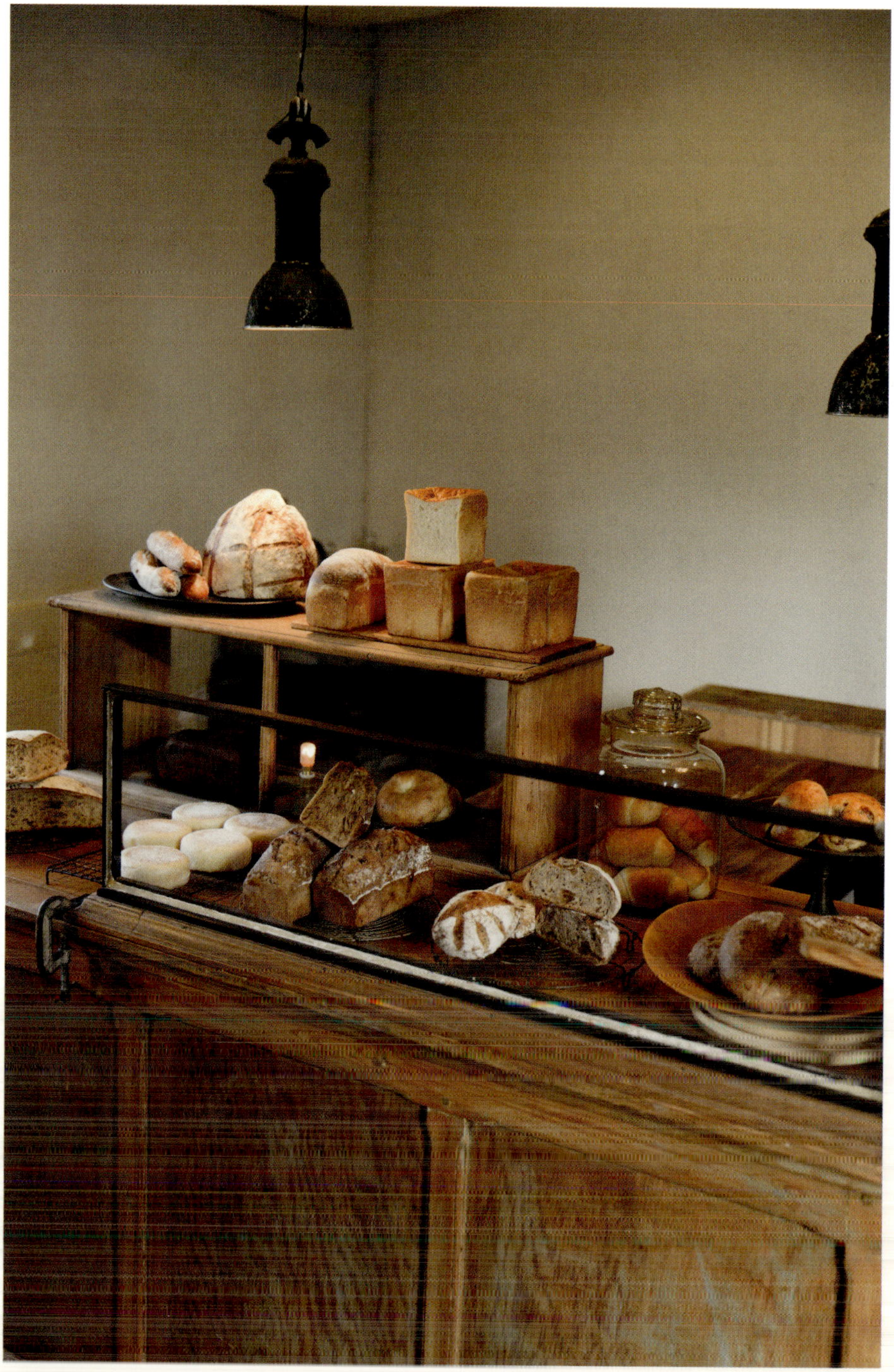

cimaiのこと
シマイ

　今から20年ほど前に、2人で栃木県那須塩原市にあるカフェ「1988 CAFÉ SHOZO」に遊びに行き、そのすべてに心惹かれて、大きな衝撃を受けました。そして「私たちもいつかこんなお店を作りたい」と思い、cimaiははじまりました。その後、それぞれパン屋さんで働きはじめ、ユニットを組んでイベントに出店するようになり、徐々に忙しくなって、自分たちのお店をはじめることを決意したときに思ったことは、「ただパンを売るだけのパン屋さんにはなりたくない」ということでした。作り手の技術を提供する単なる商品としてのパンを売るお店ではなく、パンを介して、楽しい気持ちやうれしい気持ちをお客さまと共有できる「場所」としてのお店をはじめたいと思ったのです。
　また、パンだけに限らず、「衣・食・住」のすべてを提案したいという思いもありました。実はパン屋さんをはじめたいというよりも、そういうライフスタイル全体を提案できるお店にしたいという思いが強かったほどです。そんな私たちが多くの良い刺激を受けたのが、お店から車で40分ほどのところにあるカフェ「cafe la famille」です。アクセスの良いとはいえない場所で、お店独自の世界観を表現し、訪れる人を魅了しているその姿から、多くのことを学び、実際にいろんなアドバイスももらいました。
　お店をはじめてもうすぐ8年になります。お客さまがお店に訪れて、パンのほかにも新しい何かに出合えるお店でありたい。人と人、お店、もの、情報とを、この場所を拠点につなげていきたいと思いやってきました。だからお店では、ジャムやコーヒー豆などパンと関わりのあるものから、時期によってはフラワーリースや農家さんの野菜、店内で使用している家具、そしてお店で行うイベントまで、これまで私たちが大切にしてきた縁や出合いからつながった様々なものを提案し、販売をしています。やりたいことはまだまだあって、少しずつ、その思いを形にしているところです。

shureのこと
シューレ

　いろんなお店があっていろんな色があるように、パン屋さんもこうでなくてはいけないということはないと思っています。オープン当初からパンだけでなく、食を含めたライフスタイルを提案したいと思ってきました。

　その思いから、開店から少したった後に、お店の2階を改装してイベントスペース「shure」にしました。ここでは、定期的に開催するヨガ教室をはじめ、身体ケアのワークショップや洋服の展示会など様々なイベントを展開しています。

　中でも人気で毎年開催しているのが、「しめ縄づくりの会」。お店の近くに住む農家の方にお願いをして、稲から手作業でしめ縄を作ります。想像以上に大変な作業ですが、毎年これをしないと年を越せないという人も多く、私たち自身楽しみにしているワークショップのひとつです。作ったしめ縄は1年間お店にも飾っています。

　最近はイベントスペースに新たにキッチンも導入。これからは料理教室やカフェなど、新たなイベントの展開も考えています。

（上）しめ縄を作る様子。稲の束を絞るように編んでいく力仕事です。農家の方が一緒に丁寧に教えてくれます。
（下）お店に飾ってあるしめ縄。

お店で販売している家具

　いつも前を通る度に良いなと思っていた建物が、テナント募集をしていたことがお店をはじめたきっかけでした。はじめての自分たちのお店に、準備期間は半年ほどあったものの、パンのメニューや外観をどうするかということに精一杯で、内装や家具のことまで考える余裕がありませんでした。

　そんなある日、友人から良いカフェがあると教えてもらいました。それが「HANG café」との出合いでした。店内には、フランスのカフェで実際に使用されていたアンティーク家具が並べられ、そのまま家具の販売もしていました。そのひとつひとつがとても素敵だったこと。また「HANG café」が、土日のみのオープンで実物を手に取れる機会が少ないこともあり、cimaiでも家具を使用させてもらいながら、販売をさせてもらうことになりました。

　そのため、cimaiに置かれているインテリアや雑貨は、ちらっと裏側を見ると値札が貼ってあるものもあります。お店に来て、これいいなって思ったら、問い合わせてみてください。

cimai（シマイ）

大久保真紀子・三浦有紀子

ユニットとして、イベントなどでパンを販売し活動の場を広げ、2008年埼玉県幸手市にパン屋「cimai」をオープン。全国のカフェ、雑貨店などにも定期的にパンの販売をしている。

---

cimai
埼玉県幸手市幸手2058-1-2
TEL&FAX 0480-44-2576
URL http://www.cimai.info

バターも卵も使わない
しっとり、もちもちのおいしい生地
cimaiのイーストと
天然酵母のパンレシピ

2016年3月20日 初版第1刷発行

著　者　大久保真紀子，三浦有紀子
発行者　滝口直樹
発行所　株式会社マイナビ出版
　　　　〒101-0003
　　　　東京都千代田区一ツ橋2-6-3 一ツ橋ビル2F
　　　　TEL 0480-38-6872（注文専用ダイヤル）
　　　　　　03-3556-2731（販売）
　　　　　　03-3556-2736（編集）
　　　　E MAIL pc-books@mynavi.jp
　　　　URL http://book.mynavi.jp
印刷・製本　大日本印刷株式会社

【注意事項】
・本書の一部または全部について個人で使用するほかは、著作権法上（株）マイナビ出版および著作権者の承諾を得ずに無断で複写、複製することは禁じられております。
・本書についてご質問等ございましたら、左記メールアドレスにお問い合わせください。インターネット環境のない方は、往復はがきまたは返信用切手、返信用封筒を同封の上、（株）マイナビ出版編集第5部書籍編集課までお送りください。
・乱丁・落丁についてのお問い合わせは、TEL：0480-38-6872（注文専用ダイヤル）、電子メール：sas@mynavi.jp までお願いいたします。
・本書の記載は2016年3月現在の情報に基づいております。
・本書中の会社名、商品名は、該当する各社の商標または登録商標です。
・定価はカバーに記載しております。

ISBN978-4-8399-5697-4 C2077

©cimai 2016
©Mynavi Publishing Corporation 2016
Printed in Japan

デザイン／嶌村 美里（studio nines）
写真／有賀 傑
取材・文／まつしたあつこ
校正／柳元順子
編集／脇 洋了（マイナビ出版）

○ 材料提供
cuoca（クオカ）
URL http://www.cuoca.com
TEL 0120-863-639（10:00〜18:00）

商品の取り扱いは2016年3月現在のものです。お店や商品の状況によって入手できない場合があります。あらかじめご了承ください。